인테그리티
INTEGRITY

인테그리티
INTEGRITY
일관된 자기 진실성

최정일 지음

한국NCD미디어

추천사

오늘날 한국 교회와 목회자의 사회적 신뢰도는 비참하게 추락했다. 여러가지 외부적인 요인이 있는 것이 사실이지만 변명할 여지가 없이 목회자의 비윤리성이 최대 원인이다. 목회자들이 신행일치가 되지 않는 것이 근본적인 문제이다. 설교와 기도는 청산유수이고, 교인들에게는 거룩하게 가르치지만 자기 말을 자신이 지키지 않는 것이 근본 문제다. 믿는 것과 행동, 말하는 것과 삶이 일치하지 않는 것이다. 이것은 그리스도인으로서의 정체성, 목회자로서의 정체성이 확립되지 못한 까닭이다.

필자와 동역했던 최정일 목사가 박사학위 논문을 정리해서 인테그리티를 주제로 책을 출간하게 되었다. 저자는 이 책을 통해 목회자의 진실성에 대한 고민과 성찰을 우리에게 제시해 준다. 우리도 역시 고민하던 주제이기 때문에 크게 도움을 받으리라고 기대된다.

코로나19로 목회 활동이 위축되어서 힘들 때도 있지만 자기 성찰의 기회가 되기도 한다. 목회자로서의 정체성 확립과 신행일치를 평가해 보는 기회가 될 수 있다. 목회활동이 정상으로 회복될 때 하나님의 도우심을 확신하며 담대하게 사역을 할 수 있도록 이 책이 크게 도움이 될 것이다.

_이철신 목사(영락교회 원로목사)

한국 교회의 부흥은 교회사에 그 유례가 없을 정도의 놀라움이었습니다. 그러나 그 부흥의 이면에는 사명의 길인 목회의 길이 욕망의 길로 변질되는 불행한 현실이 나타났습니다. 교회의 양적 부흥만을 추구하는 태도는 소위 스타 목사들을 만들었고 불투명한 재정집행이라는 잘못된 관행에 빠지게 되었습니다. 그리고 목회자의 우상화가 진행된 곳에는 이른 바 '돈, 섹스, 권력'으로 인한 비리가 싹트기 시작했고 작금에 이르러서는 봇물이 터지듯이 목회자의 비리사건이 발생하고 있습니다. 거기에 목회자들의 교회 세습은 교회의 사유화를 만들고 있습니다.

저자는 그 누구보다도 진정한 목회자의 모습으로 바른 목회를 위해 지금까지 힘써 왔고 그 어느 때보다 목회자의 인테그리티 문제가 중요한 시기에 인테그리티의 개념과 성경적인 근거, 핵심적 내용, 인테그리티를 위협하는 장애물을 조목조목 짚어주며 인테그리티가 영성의 핵심인 것을 논리정연하고 탁월하게 제시하고 있습니다. 재미나지만 가슴 뜨끔한 이야기부터 한 장 한 장 읽어가다 보면 나 자신을 돌아보고, 한 사람의 그리스도인으로서 그리고 목회자로서 어떤 마음과 어떤 삶을 살아야 할 것인가를 다시금 깨닫고 다짐하게 되기에 이 책은 지금의 모든 그리스도인과 목회자들에게 필독서임에 틀림없습니다.

_전경호 목사(다음세대코칭센터 대표)

인테그리티! 나에게는 정말로 어려운 말이었다. 때때로 영어 단어로 'Integrity'를 마주칠 때마다 한마디로 한국어 번역이 되지 않는 이유만으로도 머리 속이 엉클어진 실타래처럼 복잡하게 될 때가 많았다. 더욱이 '내 삶에 적용하기에, 아니 순종하기에 가장 어려운 말이다.'라고 고민하며 '내 삶의 인테그리티를 이룰 수 있을까?'라는 질문이 내 마음에 늘 있었다. 그러나 최정일 목사님의 이 책을 읽으면서 그 뜻에 대한 이해 뿐만 아니라 '나도 이렇게 시작하면 되겠구나!'라는 소망이 생겼다. '일관된 자기 진실성'을 이루기 위한 목표를 꿈꾸고, 작은 실천의 발걸음으로 꾸준히 걸어가야겠다는 도전을 받게 되었다. 이제 이 책을 읽는 분들에게도 하나님 앞에서 우리의 삶이 '인테그리티=일관된 자기 진실성'을 경험할 수 있도록 함께 그 길을 걸어가자고 권하고 싶다.

_김한수 목사(한국NCD교회개발원 대표)

목 차

머릿말 _10

Chapter 1. 인테그리티란 무엇인가 _19
    1. 인테그리티의 개인적, 형식적 개념
    2. 인테그리티의 사회적, 실질적 개념
    3. 일관된 자기 진실성: 인테그리티

Chapter 2. 성경에 나타난 인테그리티 _37
    1. 노아와 아브라함
    2. 욥
    3. 흠 없는 희생제물
    4. 완전함을 뜻하는 '톰'tom, תם
    5. 둠밈thummim, tummim/תמים
    6. 행실의 온전함을 뜻하는 '톰'tom, תם
    7. 신약에서의 인테그리티
    8. 하나님의 인테그리티

Chapter 3. 인테그리티의 시작과 전개 _53
    1. 삼위일체 하나님의 인테그리티
    2. 인간의 인격과 인테그리티
    3. 신앙과 인테그리티

▷ 쉬어가며 생각하는 이야기 1 _ 예수님의 인테그리티

Chapter 4. 인테그리티의 자기 통합성 _67
    1. 개인적 원칙들의 일관성
    2. 원칙과 행위 사이의 정합성
    3. 행위 원칙, 내적 동기 그리고 의도 간의 정합성
    4. 인간의 내적 욕구들과 의지의 정합성

Chapter 5. 인테그리티의 자기 정직성과 공동체성 _87
    1. 인테그리티의 자기 정직성
    2. 인테그리티의 공동체성과 덕

Chapter 6. 인테그리티의 가치와 의의 _93

    1. 윤리적 분석과 성찰이 목적이다.

    2. 영성과 도덕성 사이의 인테그리티

    3. 믿음과 사회적 책임 사이의 인테그리티

    4. 영성과 실천적 삶의 일치를 추구한다.

Chapter 7. 인테그리티를 위협하는 장애물 _105

    1. 방종체 wantonness

    2. 의지박약 weakness of will

    3. 강박관념 obsession

    4. 자기기만 self-deception

    5. 광신주의 fanaticism

▷ 쉬어가며 생각하는 이야기 2 _ 어느 목회자의 고민과 참회

Chapter 8. 인테그리티와 영성 _127

    1. 인테그리티 중심의 도덕적 숙고와 영성

    2. 영적 성숙과 자기 인식

    3. 칼 융의 분석 심리학적 자기 인식

1) 인테그리티의 자기실현

    2) 중요 개념들

4. 토마스 머튼의 자아인식

    1) 거짓 자아와 참 자아

    2) 참 자아의 인식

    3) 참 자아 인식의 확장: 인테그리티의 삶

5. '예수의 테레사'의 자아인식

    1) 자아인식의 성城

    2) 자기 밖에서의 자아인식

    3) 자기 안에서의 자아인식

    4) 하나님과의 관계를 통한 자아인식

6. 마이스터 에크하르트의 자아인식

    1) 하나님 인식과 자아인식

    2) 자아인식의 과정: 초탈과 돌파

    3) 참된 자아인식의 '나'

    4) 하나님 아들의 삶과 인테그리티

마무리 _시대의 화두와 답: 인테그리티 　　　　　_162

머리말

If you know who you are,
You will know what to do.

당신이 누구인지 안다면,
당신이 해야 할 것이 무엇인지 알 것이다.

_핸드릭 크래이머 Hendrik Kraemer

내가 하나님 앞에서 내 존재됨을 참으로 알게 된다면 내가 어떻게 살아야 할지, 무엇이 되어야 할지를 명확하게 알게 될 것이고, 그 존재됨을 벗어날 수 없다는 것을 새삼 깨닫게 될 것이다. 만일 내가 생각하고 있던 존재됨에서 내 삶의 행동이 벗어났다면 나의 존재됨의 근거를 점검하고 확인해야 할 것이다. 이것이 인테그리티다.

이러한 인테그리티를 향한 여정은 오래전 읽었던 라틴어 어구에서 시작되었다.

"cor curvum in se" _ "the heart turned in upon itself"

오래전 디트리히 본회퍼의 『행위와 존재』라는 책에서 읽게 되었던 이 한 소절은 오랫동안 인간의 존재와 실존이 어떠한가를 생각하게 했다. 인간은 그 자체 안으로 들어갈 수 밖에 없으며 그 밖을 벗어나는 것은 불가능하다. 그나마 다행인 것은 그 존재 내에 있어서는 변함없는 단일성이 있을 것이라고 생각한 것이다.

그래서 그 사람이 어떤 존재인지 알게 된다면 당연히 그의 삶과 행동은 그렇게 될 것이라는 것이다.

지금 한국 교회는 위험하고도 심각한 지경이 되었다. 일반적으로 사회에서 영적이며 윤리적 정신 세계를 이끄는 종교 지도층의 역할을 감당해야 할 교회가 세상의 걱정과 근심의 대상이 되어버린 위기에 직면했다.

2012년에 한국기독교목회자협의회(대표회장: 전병금 목사)에서 발행한 보고서에 따르면 한국 교회에 대한 비판의 이유를 다음과 같이 보고한다.[1] 이단이 많고, 교회가 이기주의 집단 같아서, 목사와 교인의 언행이 일치되지 않아서, 십일조와 같은 헌금 강요가 심해서, 목회자의 사리사욕이 심해서, 교회 확장에만 관심이 있어서, 일방적인 전도 때문 등으로 교회가 비판을 받고 있다. 이것은 한국 교회에서 가장 시급한 것이 윤리문제임을 의미한다. 그리고 이 보고서는 한국 교회의 신뢰회복을 위해 가장 개선해야 할 사안으로 교인과 교회 지도자들의 언행 불일치(48.6%), 신앙대로 삶에서 실천이 이루어지지 않는다(31%)고 말하고 있다. 즉 한국 교회가 준수해야 할 윤리적 규범이 없는 것이 문제가 아니라, 그 윤리에 대한 인테그리티 문제라는 것을 알 수 있다.

---

(1) 전병금, 『한국기독교 분석리포트』 (서울: URD, 2013), 167-168.

2017년 기윤실에서 발표한 한국 교회 신뢰도 조사에서는 한국 교회 신뢰도 문제가 심각한 수준이었다. 신뢰점수가 '전반적 신뢰도 20.2%', '5점 척도: 2.55-2.82점' 사이에 머무르며 2017년에 최저점을 보였다.[2] 이는 개선되지 않는 보통 이하 수준의 신뢰도를 나타냈다. 한국 교회 신뢰도 제고를 위한 개선점에 대한 분야는 사회봉사나 환경 인권의 사회운동이 아니라 윤리와 도덕 실천 부분이었다. 기독교를 향한 신뢰도에서 5점 척도 기준으로 교회활동 2.87점, 기독교인 2.56점, 기독교 목사 2.54점으로 목회자에 대한 신뢰도가 가장 낮았다.

언론에 보도된 기독교 목회자의 문제는 기독교 목사의 성추행 사건과 헌금 횡령의 사건이었다. 기독교인의 신뢰도 제고를 위한 개선점에도 1순위는 바로 정직함이었다. 다시 말해 기독교회를 신뢰하게 하는 기본 요소는 능력^{ability}, 호의^{benevolence}, 충실함^{integrity}임을 확인하였다. 한국 교회는 충실함, 정직, 언행일치의 회복이 급선무이며 이는 바로 한국 교회의 인테그리티^{integrity} 문제임을 확연히 알 수 있다.

---

(2) 기독교 윤리 실천운동, "2017 한국교회의 사회적 신뢰도 여론조사" (서울: 사단법인 기윤실, 2017)

현재 한국 사회 안에서의 교회 상황은 자못 심각하다. 그것은 교회에 대한 윤리적 불신과 그로 말미암는 적대감 때문이다. 교회가 십자가 사랑의 실천과 섬김, 거룩한 하나님의 사명을 이루어야 하는데 교회를 존재하게 하는 기본 정신마저 인정받지 못하는 처지이다. 사회 안에서 교회가 공적인 신뢰성을 잃어버리고, 목회자의 윤리성이 타락하는 사례가 빈번하며, 교회와 교단의 여러 분쟁과 송사가 난무한 실정이다. 교계와 교단의 치리 질서가 없고, 영적인 권위를 잃어버리고, 교회의 선한 리더십이 없어지고, 교회들과 교단들 간의 일치와 연합에 실패하였다.

세상을 사랑하고 섬기기보다는 이기주의적 행태들로 말미암은 한국 교회의 윤리적 실패들은 기독교 신앙이 없는 사회를 끌어안아야 할 교회에 대하여 이제 한국 사회가 걱정해야 하는 사태의 요인이 되었다.

한국 교회의 본질적 모습으로 윤리적 회복과 성숙을 가져오는 것은 윤리 규정에 대한 의무감을 강조하고 더 올바른 실천을 촉구하기 앞서 인테그리티가 먼저 회복되어야 한다. 한 인간이 하나님의 부르심에 응답하며, 부르심을 받은 대로 정직하게 순종하고, 헌신가능성이 있는지에 대한 인테그리티가 우선적이다.

인테그리티^{Integrity}라 함은 '온전함^{wholeness}, 완전함^{completeness}, 성실^{sincerity}, 정직^{honesty}, 충실^{faithfully} 등'을 뜻하는 말이지만, 단순하지 않은 복합적인 의미를 가지고 있다.[3] 그럼에도 불구하고 먼저 간략하게 정의하자면 인테그리티는 '인간으로 하여금 진정한 자기 자신의 삶을 살게 하고, 자신 안에 내면적인 여러 활동들인 욕구, 의도, 의지와 원칙과 행위들을 내적으로 일관성 있게 정합적으로 유지하며 사회적 공동체에서 함께 이해하고 공감하는 덕이며 삶 전체가 조망되고 평가되는 원리와 근본 기획에 자신의 온 힘과 마음을 다하는 삶의 헌신을 이루는 태도와 성향'이다. 조금 더 쉽게 요약하면 '일관된 자기 진실성'이다.

---

(3) '인테그리티(integrity)'는 한국에 소개되어질 때, 다양하게 번역되어졌다. 그동안 여러 학자들은 인테그리티를 '자기성실성,' '자기충실성,' '온전성,' '개인 온전성,' '통전성' 등으로 번역해왔고, 최근 들어서 학술논문과 책에 본래 단어 그대로 '인테그리티'를 사용하기도 하였다. 이렇게 다양한 번역용어들을 살펴보면 그 번역용어들은 각기 개념의 차이가 있다. 그래서 인테그리티의 본래적이고 복합적인 의미들을 간직하고, 번역의 틈새를 피하기 위해서 '인테그리티'를 그대로 사용하였다. 번역하면 "일관된 자기진실성"이라 할 수 있다.

한국 교회의 윤리적 회복과 활력은 일차적으로 목회자에게 달려 있음이 분명하고 목회자가 하나님께서 부르신 본래의 소명에 책임 있게 응답할 때, 교회의 생명력과 성장을 지속할 수 있는데 한국 교회는 그렇지 못하였다. 한국 교회의 윤리적 실패는 교회에 윤리가 없어 잘못된 것이 아니고 교회의 교회 '답게', 목회자의 목회자 '답게' 본래의 정체성대로 살아야 하는 인테그리티의 문제이며 인테그리티의 회복이 이 시대에 주시는 하나님의 명령이다.

이 책을 통해서 인테그리티의 개념과 그에 따른 기반과 여러 삶의 인테그리티 측면을 살펴보고자 한다. 한 인간의 온전한 삶과 교회들의 신뢰성과 바람직한 성도들의 삶은 인테그리티로부터 시작하고 인테그리티로 완성됨을 말하고자 하였다.

이 책이 나오기까지 정말 많은 분들의 사랑의 기도와 도움으로 책이 출간될 수 있었다. 무엇보다 긴 세월 함께 하며 이 책의 많은 부분을 도와준 사랑하는 아내와 아들, 딸에게 감사하고, 부족한 사람을 많이 참아주고 기다려 준 믿음의 가족들에게 감사하고, 교정과 격려를 해준 열방교회의 여러 사역자들에게, 특별한 사랑으로 출판을 도와주신 한국NCD교회개발원 김한수 목사님께도 고맙다는 인사를 드린다.

또한 이 책을 읽는 모든 이들이 하나님의 기쁨을 누리기를 그리고 자그마한 파장과 회복이 일어나기를 기도한다.

인테그리티는
자기 자신 안에서 하나로 통일된
통합성과 진실성을 중심으로 한 복합 개념이라 할 수 있다.

Chapter 1

인테그리티란 무엇인가

'인테그리티'integrity'란 무엇인가? 간단히 말하면 '일관된 자기 진실성'이라 할 수 있다. 본래 인테그리티라는 말은 한 단어로 표현할 수 없는 복합적 의미를 가진 단어이다. 영어 인테그리티integrity를 영한사전에서 보면 '완전'이라는 뜻의 명사로 '1. 고결, 성실, 정직, 청렴. 2. 완전한 상태, 흠 없음, 보전; 본래의 모습'이라고 설명한다. 또한 옥스퍼드 영어사전$^{Oxford\ English\ Dictionary}$의 정의에 따르면 인테그리티^{integrity}란 말은 '정직과 도덕원칙의 건전성, 도덕적 올바름^{uprightness}, 정직성^{honesty}, 신실성^{sincerity}을 의미하고 분리되지 않은 온전한 상태 특히 진실과 공정함에 있어서 오염되지 않은 덕의 성품'을 의미한다.

또한 인테그리티는 '온전함'^{wholeness}, '완전함'^{completeness}를 뜻하는 라틴어 어원으로 'integer'라는 형용사에서 나온 말이다. 이는 어떤 개체에 전체성과 완전성, 일관성을 중심으로 여러 분야의 사람과 사물, 시스템 등 다양하게 쓰이고 있는 개념이다. 사람에게 정직하고 성실하다고 말할 때 '정직'^{honesty}을 쓸 수도 있겠지만 인테그리티는 정직이라는 것의 전체성, 다시 말해 총체^{whole}, 일체^{entirely}를 갖고 있느냐의 의미로 더 적극적인 개념이다.

어떤 사람에게 인테그리티가 있다고 하면 그것은 그 사람이 가지고 있는 그의 가치와 신념, 원칙들이 서로 차이를 보이지 않고 전체적으로 일관성 있게 부합한다는 의미를 나타낸다. 그리고 한 개인에게 있어서 타협하지 않거나 손상되지 않는 충실성, 성실성, 진정성을 유지한 개념이라 할 수 있다.

인테그리티는 종종 한 사람의 '도덕성'에 관한 동의적인 의미로 사용되기도 한다. 그러나 어떤 행위는 도덕적이지만 온전한 행위는 아닐 수 있기에 '도덕적 행위'라는 의미로만은 인테그리티와 동일시 할 수는 없다. 그러므로 인테그리티는 자기 자신 안에서 하나로의 통일된 통합성과 진실성을 중심으로 한 복합 개념이라 할 수 있다.

1. 인테그리티의 개인적, 형식적 개념

무엇보다도 인테그리티 개념 자체의 규정에 있어 다양한 입장이 존재하고 있다. 그러나 인테그리티의 정의에 관한 입장들은 두 가지 대표적인 관점으로 '형식적 인테그리티'formal integrity와 '실질적 인테그리티'substantive integrity로 크게 구분할 수 있다.

인테그리티에 대한 형식적 관점은 개인과 그 자신의 부분이나 측면들을 어떤 관계로 보는가에 대한 것이고, 실질적 관점으로는 인테그리티를 개인의 도덕적 행위의 연관성이나 규범적 제약의 견지에서 조망한다.[2]

형식적 인테그리티 이론의 첫 번째 개념은 해리 프랑크푸르트Harry Frankfurt와 제랄드 드워킨Gerald Dworkin의 '자기 통합성'self-integration으로 시작한다. 자기 통합적 성격을 가지고 있는 인테그리티는 한 인격의 여러 단계와 부분들이 조화롭고 질서 있게 하나의 온전체로 통합된다는 것을 의미한다. 여기서 개인 내면의 여러 부분에 대하여 프랑크푸르트는 욕구^{desire}와 의욕^{volition}을 이차적 범주로 설명하였다.[3]

그는 일차적 욕구들$^{desires\ of\ the\ first\ order}$과 이차적 욕구들$^{desires\ of\ the\ second\ order}$로 구분하고 일차적 욕구들은 자신의 행위를 직접적인 대상으로 하는 욕구로써 어떤 일 또는 그 자체를 하고 싶은 욕구를 말한다. 이차적 욕구는 일차적 욕구를 그 대상으로 하는 욕구로 특정한 일차적 욕구를 갖고자 하는 욕구 또는 의욕을 말한다. 따라서 인간이 되었다는 것은 이러한 일차적 욕구$^{저차원적\ 욕구}$에서 시작하여 이차적·삼차적 욕구들로 사람이 감당할 수 있는 만큼의 다층적 욕구들을 형성할 수 있다는 것이다.

이 경우 이러한 욕구와 의욕들에 대해 어떤 판단을 하게 되는지에 대한 반성적 자기 평가와 숙고의 다층적 단계들을 통해서 자신의 욕구와 의욕들을 점검하고 확인하게 된다. 이 과정을 '동일화'^{identification}라고 한다.[4] 자기 통합성의 인테그리티는 인성 내의 여러 층, 여러 부분의 동일화를 통해 그 사람이 일관성 있고 질서 있게 하나의 온 전체로 통합됨을 뜻한다.

형식적 인테그리티에 대한 또 다른 이론은 버나드 윌리엄스

Bernard Williams의 '정체성 이론'identity theory이다.⁵ 윌리엄스에 의하면 한 사람의 인테그리티는 개인이 가지고 있는 본래의 정체성에서 비롯되는데 그 정체성을 온전히 발현하는 것이 그 사람에게 중요한 삶의 의미가 된다는 것이다. 사람은 본래 자신의 정체성에 기반하여 구성된 무조건적인 정언적categorical 욕구나 삶의 근본 기획ground projects이 있다. 이것에 의해 삶의 모든 생각과 행위들이 결정되고 일관적으로 그것에 헌신하게 된다는 것이다.⁶ 윌리엄스는 결과적 공리주의, 칸트주의의 보편성과 불편 부당성impartiality을 표방하는 도덕 이론들이 개인의 인테그리티를 온전히 보존하지 못하고 손상한다고 비판하였다. 이제 이러한 인테그리티의 개인적이고 형식적 관계에 집중한 개념을 좀 더 명확하게 할 필요가 있다.

1) 자기 단일성과 자기 통합적self-integration 의미의 인테그리티

인테그리티의 가장 대표적인 개념인 자기 단일성과 자기 인격적 통합성은 자아 부분, 즉 자신의 욕구, 평가, 헌신이 전체적으로 하나로 통합되어 있음을 말한다. 어떤 사람이 자기 자신의 원칙들에 대해 단지 전통적으로 전달돼 내려오는 것을 답습만 한다면 그는 인격적인 통합성을 갖지 못한다고 말할 수 있다.

누구라도 인테그리티의 사람으로 합당하게 인정받기 위해서는

그 자신의 원칙이 기존의 관습적 원칙들과 일치하든 그렇지 않든 간에 자기 주체적으로 말해야 하고 그 자신의 것으로 해야 한다.[7] 한 사람의 인격적 통합성은 분열되지 않은 하나의 상태이다.

관례를 준수하는 자신과 그 관례의 정당성이나 올바름을 인정하지 않거나 그것에 대해 생각하지 않는 자신은 하나가 되지 못한 분열 상태로 인테그리티 하지 않다.

2) 정체성identity과 진정성authenticity 의미의 인테그리티

정체성 개념에서의 인테그리티는 개인의 자아 정체성을 정직하고 진실하게 그의 삶의 헌신으로 발현하는 형태라 볼 수 있다. 자기 자신self의 핵심 된 정신은 그 정체성에 맞추어 전념하며 헌신하게 된다. 그때 자아의 정체성에 따라 그 정체성이 이끄는 방향 그대로 행위들을 하게 될 때 인테그리티를 가지고 있다고 말할 수 있다. 행위자는 자아의 정체성을 근거로 하여 진정성authenticity과 그로 말미암는 항상성constancy을 가진다. 그러므로 인테그리티는 그 개인에게 그 자신의 원칙들이라 말해진 것에 대해 전념하고 그것에 헌신을 요구한다. 이런 의미에서 인테그리티는 자기 자신에 대한 깊은 신뢰를 가진 진정성이라 할 수 있다.[8]

자신의 원칙들이라 스스로 말한 것들을 인정하거나 그 원칙들

을 단지 가벼이 습관적으로 따랐을 뿐, 그 원칙들에 자신의 진정함을 개입시키지 않는다면 그는 타인뿐 아니라 자기 자신을 기만한 것이다. 그런 의미에서 그는 자기 자신에게 진정성 있게 진실하지 않다. 그는 자기 자신이 따르는 원칙을 자신 안에 있는 것이 아닌 것으로 인정한 것이다. 자기 자신으로서 그 원칙에 따르기로 한 것이 아니라 삶의 공간적 좌표에 의해 지정된 별개의 개체에서 그 원칙을 따르도록 한 것이다. 여기에서 그는 일인칭적 자아와 내가 아닌 다른 개체로 분열된 자아를 갖게 되는 경우이다. 이 경우가 인테그리티를 잃어버린 것이다.

3) 진실성truthfulness과 정직성honesty 의미의 인테그리티

인테그리티는 마음에 거짓이나 꾸밈이 없이 있는 그대로를 솔직하게 드러내는 진실함과 정직의 의미가 있다. 이는 먼저 행위자 개인이나 하나님 앞에서 있는 그대로를 마음의 거리낌 없이 진술해 내는 상태를 말한다.

인테그리티가 사회 제도적인 원칙이나 관례적인 규범에 있어서 진실성과 정직성을 의미한다고 하더라도 도덕 원칙이나 규범은 그 자체가 진실한 것이라기 보다는 원칙과 규범이 개인과의 관련된 문제라 할 수 있다. 물론 인테그리티의 일반적 개념이 사회 규약적

인 것으로써 도덕적 기준이나 규범을 고수함으로 정직하다는 의미를 굳이 배제할 이유는 없다. 그리고 린 맥팔Lynn McFall은 인테그리티의 기준, 규범과 갈등을 일으킬지도 모르는 개인적 이상personal ideal을 표상한다.9

인테그리티는 정직, 신실함, 공정한 거래 등과 같은 진실함의 특성을 가지고 있고, 인테그리티와 반대되는 의미의 부정직, 위선, 교활함shiftiness같은 것은 인테그리티를 망가뜨리는 것으로 나타난다. 이는 인테그리티의 진실을 있는 그대로 말하는 정직성의 의미를 포함하는 것이다.

4) 올바름, 건전성, 타락하지 않은 상태를 뜻하는 인테그리티

웹스터 사전10에 따르면 인테그리티는 '부패하지 않음: 도덕적, 예술적 또는 가치의 규범을 확고히 고수. 건전함: 손상되지 않은 상태. 완전성: 나누어지지 않은 완전한 상태나 질'이라고 정의한다.

캘훈Cheshire Calhoun은 인테그리티를 깨끗한 손으로 표현했는데 이는 손을 더럽힐 수 있는 상황에서 행위자의 순수성을 유지하는 것을 의미했다.11 성경에서는 흠 없는 제물에 대하여 흠 없음, 깨끗함, 더럽히지 않음을 뜻할 때 인테그리티를 사용한다.

공학 분야의 데이터베이스^{data-base}에서 데이터 인테그리티^{data integrity}는 데이터의 완전으로 입력된 데이터가 변경, 파괴되지 않은 상태를 뜻하며 '데이터 무결성'이라고 할 수 있다. 컴퓨터 시스템에 의하여 관리되는 자료의 정확성, 일관성, 완전성을 통합한 데이터의 능력으로 우연 또는 고의의 실수로 인한 데이터의 파괴, 변경, 상실이 생기지 않으면서 보전되는 데이터의 품질을 뜻한다. 이는 데이터가 인가되지 않은 방법으로 변경할 수 없도록 보호하기 위함인데 데이터 완전성, 무결성의 의미로 인테그리티를 사용한다.

2. 인테그리티의 사회적, 실질적 개념

자아 통합론과 정체성 이론의 형식적 인테그리티 이론들을 개인 인테그리티의 형식적 조건들만 제시하고 주로 개인적 덕목으로 본다. 하지만 동시에 인테그리티의 개념은 사회적이고 실질적 관점으로 확장되어 타인과의 관계와 공감 안에서 의미가 있는 사회적인 덕으로 규정되고 있음도 놓쳐서는 안 된다.

이 이론의 대표적인 견해는 캘훈의 설명으로 한 개인의 인테그리티는 공동체의 가치에 대한 최선의 판단을 함께 '옹호하고 대변하는'standing for 의미를 가진다는 주장이다.[12]

한 개인의 인테그리티는 도덕적으로 가치 있는 일은 무엇인가에 대한 공동체의 심의와 숙고의 절차를 거치고, 그 안에서 자신의 역할이 무엇인지 파악하고, 그에 따라 행동하는 것이다. 아울러 이것은 다른 사람의 판단을 받아들이고 존중하는 것을 포함한다. 인테그리티는 도덕적 행위자가 개인적으로 보증하는 무언가를 지키고 고수하려 하는 특징을 가지지만 캘훈에 따르면 인테그리티는 개인적 프로젝트나 헌신의 가치를 평가하기 위한 것이라기 보다는 함께 이해하고 공감하는 사회적 맥락에서 나온다고 한다.

그는 인테그리티의 사람이라고 하는 이들이 공동체 내에서 개인적으로 지지하고 주장했던 것과 일관되게 행동하지 않을 때가 있음을 주시한다. 그들은 인생에서 가치 있는 것을 발견하려고 노력하는 사람들의 공동체 안에서 최선의 판단을 하기 위해 그렇게 한다고 본다. 인테그리티는 가치 있는 일에 대해 분별하는 공동체의 심의 과정에서 자신의 역할을 적절하게 고려하기 때문이다.

이러한 의미에서 캘훈은 인테그리티를 사회적 덕목으로 도덕적 공동체의 맥락에서 잘 행동할 수 있는 성격이나 성향과 타인의 판단을 존중하는 태도를 포함한다.

사회적이고 실질적 개념의 인테그리티는 개인적인 개념이 간과

하고 있는 오류를 보완할 수 있다. 형식적으로 일관성은 있으나 자기들만의 세상에 빠져 해악을 서슴지 않는 광신주의자들에게조차 인테그리티를 부여하게 되는 개인의 심리적 인테그리티 개념에 머물 수 있다. 그러나 사회적이며 실질적 개념들은 사회 도덕적으로 모두가 인정할 수 없는 부도덕한 사람들에 대하여 인테그리티를 부여할 수 없다는 일반적 생각을 반영한다.

이러한 실질적 이론은 인테그리티 개념의 내용을 보다 풍성하게 하기 위해 의도적으로 개념을 보완한 것 같으나 일반적으로는 사회에서 사용되고 발견되는 인테그리티의 의미들이다.

3. 일관된 자기 진실성: 인테그리티

인테그리티의 많은 개념 중에서 개인의 인성이 갖는 어떤 성질을 가리키는 덕목 용어 virtue term 로 인테그리티가 사용되기도 한다. 이것은 형식적인 인테그리티 개념을 개인의 심리적 문제로 보는 형식적 관점을 벗어나 도덕적 차원, 특히 의무의 관점에서 규정하는 견해이다.[13]

일반적으로 '덕 윤리'에서 '덕' virtue 은 행위의 판단보다는 행위자의 내면에 초점을 맞추고 있다. 여기에서의 인테그리티는 행위자의 실존적 위치를 충분히 고려한 덕 윤리적 성격을 가지고 있다. 덕 윤리에서의 도덕 판단은 기본적으로 행위 판단보다는 행위자 판단에 초점을 맞추며 의무 판단보다는 그의 덕의 특질을 중시한다.

덕 윤리란 아리스토텔레스에게서 시작되어 중세 기독교와 결합하면서 더욱 발전한 전통적 윤리 가운데 하나다. 아리스토텔레스에 따르면 덕은 탁월한 상태 혹은 어떤 행동을 위한 적절한 인격적인 특성이다. 덕은 기본적으로 성향의 일종이라 할 수 있다. 하지만 준수한 외모, 지성, 육체적 강함 혹은 기운 같은 인간의 특성과 능력과 재능은 바람직하고 탁월한 것으로 인정하기는 해도 거기에 덕이 있다고 생각하지 않는다. 왜냐하면 그것들은 인격적 특성이 아니기 때문이다.

이에 반해 비겁함, 부정직, 질투, 무절제와 같은 성향들은 확실히 인격적인 특성들이다. 실제로 사회의 일반적 사람들은 그런 성향을 갖고 있는 개인들을 칭찬하지 않고 비난한다. 덕 윤리에서 윤리적 삶이란 행위의 문제가 아니라 행위자의 존재 문제다. '어떤 행위를 해야 하는가?' 하는 물음에 앞서 우리가 '어떤 종류의 인간이며 어떤 종류의 인간이 되어야 마땅한가?'를 묻는다. 그래서 행위자 개인의 인격, 생활방식, 의도와 동기, 인간 본연의 근본기획, 의지, 기호와 경향 같은 특성에 관심을 갖는다.

인테그리티는 개인적이고 형식적인 관점으로만 보면 그것은 분명 일반적인 덕으로 보기 어려울 것이다. 하지만 사회와 관계 속에서 그 대상이 인격적 특성의 함양 여부에 책임이 있는 도덕적 행위자라고 할 때 인테그리티는 사회적 관점으로 덕의 중요한 특징을 가지고 있다. 또한 인테그리티는 올바른 도덕적 행위 이전에 인간 성품의 변화를 강조한다는 점에서 덕 윤리적 특징을 지닌다고 할 수 있다.

본래의 정체성을 이루는 근본 기획을 그대로 유지하며 충실한 것은 사람의 내면의 탁월성으로 인정받기에 덕의 요소를 가지고 있다.

마크 핼편[M. Halfon]은 그동안 윤리학에서 덕으로써 인테그리티가 완전히 무시되어 왔다고 주장하면서 인테그리티를 일종의 '도덕적 목적'[moral purpose]에 따른 헌신[commitment]의 충실성으로 제시한다. 또 그는 인테그리티를 도덕적 삶에 전념하는 것과 그러한 삶이 가능하기 위해서는 필요한 것이 어떤 것인지 이해하기 위해 지적인 책임을 다하는 것으로 설명한다.[14] 다시 말해 외부적인 압박이 있을지라도 그것에 굴하지 않고 자신의 신념이나 소신에 충실하게 행동하는 것을 인테그리티가 있는 행동이라 한다. 그리고 핼펀은 자기 자신의 원칙에 순응하는 것 자체가 인테그리티를 확보하였음을 보장해 주지 않는다고 설명하면서 다음과 같이 말한다.

> 인테그리티를 소유한 사람은 관련된 경험적 증거들을 평가하는 데 있어서 개념적으로 분명하고 논리적으로 일관되며 관련된 도덕적 고려사항들을 인정하고 고찰하는 데 신중한 사람들을 일컫는다. 그들은 위와 같은 강제요인들을 스스로 부과한다. 왜냐하면 이들은 어떤 도덕적 태도를 갖는 것에만 관심 있는 것이 아니라 자신의 행위에 있어서 가장 좋은 행위를 하기 위해 온전히 전념하기 때문이다.[15]

핼펀은 인테그리티를 갖춘 행위자의 행위가 실제로는 도덕적이지 않다고 하더라도 그 행위가 도덕적 목적을 통해서 이루어진다고 보았다.[16] 인테그리티를 가진 사람은 반드시 도덕적으로 정당화될 수 있는 행위를 추구해야 하는 것은 아니지만 그러한 것을 추구하는 것에 헌신되어 있어야 한다는 것이다.

덕으로써 인테그리티를 강조하는 핼펀의 논의는 행위자가 도덕적 목적을 명확히 설정하고 도덕적 숙고 과정에서 통일성과 책임감을 보여줌으로 도덕적 인테그리티를 설명하는 데 매우 주목할 만한 시도라고 할 수 있다. 인격의 전반적인 것을 구성하는 인테그리티를 갖춘 사람이 따라야 하는 헌신에 대해 도덕적 강제를 둔다는 것에 의미가 있다.

애쉬포드Elizabeth Ashford는 인테그리티를 구성하는 행위 원칙들이 진정으로 도덕적인 원칙일 경우에만 인테그리티를 인정하고 그것을 객관적 인테그리티objective integrity라고 불렀다.[17] 이렇게 인테그리티는 도덕적인 덕의 의미로 쓰이고 있다.

비첨Beauchamp과 칠드리스Childress도 생명윤리에서의 인테그리티를 언급하면서 덕의 두 가지 면을 분명히 볼 수 있다고 말한다.[18] 인테그리티의 덕은 사람의 인격에 있어서 두 가지 측면이 있다. 첫 번째는 자기감정, 열망, 지식 등의 측면들이 일관되게 통합되어 있고 그 각자의 측면들이 서로 다른 것을 보완하면서 충돌하거나 갈등을 일으키지 않도록 한다는 것이다. 두 번째는 어떤 도덕적 가치에 충실하게 하는 인격적 특성 그리고 필요한 경우에는 방해하는 것을 충분히 막아내는 성향을 말한다. 이런 면에서 인테그리티는 덕이라고 할 수 있다.

인테그리티는 실제에 있어서 덕으로써 두 가지 특성을 가진다.

첫 번째는 한 개인의 내적인면의 일관성과 통합성에 관련되고, 두 번째는 한 개인의 내면과 외부적인 것들의 일관성과 전체성에 관한 것이다. 다시 말해 그 사람의 태도와 행동이 그의 내면의 상태와 일관성이 있는가이다. 자신의 욕구와 가치와 헌신이 전체로 통합돼 실제 생활에서 그 통합성을 간직하고 보호하고 표현할 수 있는 사람, 그렇게 해서 그는 자신을 둘러싼 개인적 인테그리티의 영역을 구성하여 내면의 탁월성을 인정받는다.

인테그리티는 온전함, 완전함, 성실, 정직, 충실 등을 뜻하며 자기 자신 안에서 하나로 통일된 통합성과 진실성을 중심으로 한 복합개념이라 할 수 있다.

윌리엄 슈바이커William Schweiker는 인테그리티를 '삶 전체가 조망되고 평가되는 어떤 과제나 원리에 자신을 위탁 혹은 헌신하는 것'[19]을 의미한다고 보았다. 그리고 윤리적 측면에서 인테그리티에 집중하며 '어떤 특정한 도덕적 계획에 매달려 그것에 자신을 위탁하는 것이며 아울러 그 위탁에 수반되는 태도와 성향'[20]을 '도덕적 인테그리티'라 정의하였다.

이제 인테그리티의 복합적인 개념을 고려하며 정의하자면 인테그리티는 '일관된 자기 진실성', 곧 인간으로 하여금 진정한 자기 자신의 삶을 살게 하고, 자신 안에 내면적인 여러 활동, 욕구, 의도, 의지와 원칙의 행위들을 내적으로 일관성 있게 정합적으로 유지하고, 사회적 공동체에서 함께 이해하고, 공감하는 덕이며, 삶 전체가 조망되고, 평가되는 원리와 근본 기획에 자신의 온 힘과 마음을 다하는 삶의 헌신을 이루는 태도와 성향에 대한 자기 진실성으로 정의할 수 있다.

인테그리티에 관한 성서적 개념은
하나님과 예수 그리스도 그리고 수많은 의인들의 모습에서
발견되며 완전함, 온전함, 흠 없음, 참됨의 의미로
기독교인의 삶에서 온전한 사람을 묘사한다.

Chapter 2

성경에 나타난 인테그리티

인테그리티에 대해 성경을 연구해 보면 인테그리티가 성경적 주제임이 명백히 드러나지만 하나의 단어나 적용으로 규정하기 힘들 뿐 아니라 사용된 단어와 개념이 매우 다양하기 때문에 성경적 의미를 한 번에 완전히 설명하기란 어렵다.

인테그리티에 대한 성경적 개념을 구성하기 위해서는 광범위한 용어들과 개념 그리고 적용을 살펴보아야 한다.

인테그리티란 말의 어원은 라틴어에서 시작되었다는 설과 프랑스어로부터 왔다는 학설이 있는데 모두 설득력 있는 것으로 알려진다. 그리고 인테그리티^{integrity}란 영어 단어가 쓰이게 된 것은 학자나 작가들의 글에서 시작된 것이 아니라 번역자에 의해서 먼저 쓰이게 되었으며 기독교적 언어로 시작 되었다.[21]

옥스퍼드 영어사전^{Oxford English Dictionary}에서 보면 인테그리티 integrity란 영어 단어는 1450년에 쓰여졌다.[22] 이것은 예수 그리스도가 인간의 몸으로 탄생할 때 그의 어머니 마리아가 간직했음을 말하고 있다. 인테그리티의 처음 의미는 처녀성^{virginity, maidenhood}의 뜻이 포함되었으며 이후 인간으로서의 온전함, 정결함, 동정녀의 의미를 현대적 어휘로 새롭게 도입한 것이다. 이 단어는 80년 후 완전성^{complete}을 나타내는 데 사용된다. 그 후 1548년에 도덕 원칙의 건전함과 손상되지 않은 덕, 올바름, 정직성 및 공정한 거래를 나타내는 말로 인테그리티가 사용됐다고 알려진다.[23]

다음으로 1561년에 T. 노튼^{T. Norton}이 칼뱅의 기독교 강요를 번역할 때도 이 단어를 사용했고 1611년에 성경 킹제임스^{King James}역의 잠언 19장 1절에 인테그리티란 말을 사용하여 번역하였다.[24] 그 후 150년 동안 편집되었기에 인테그리티의 번역의 용례들은 인테그리티의 성경적 개념을 연구하기에 적절하리라 생각된다.

킹제임스 역에서 인테그리티^{integrity}는 16번 쓰였다. 이 단어는 모두 구약 성경에 쓰였는데 창세기에서 2번, 열왕기상 1번, 욥기 4번, 시편 6번, 잠언에서 3번 쓰였다.[25] 여기에 사용된 인테그리티의 개념은 히브리어 어근 '타맘'$^{tamam, תמם}$과 그 파생어다. 명사 형태에서 이 말은 인테그리티로 자주 번역되었고 파생어와 다양한 형태와 기능으로 구약 성경에서 200번 이상 쓰였다. 이 말의 뜻은 거의 일관되게 온전함$^{whole,\ complete}$과 완전함^{perfect}을 중심으로 해서 흠 없음^{blameless}, 결백함^{innocent}, 신실함^{sincere}, 올바름^{just}, 정직^{honesty}, 충성^{loyalty}이었고 이로 인해 진정성^{genuinesness}과 신뢰성^{reliablilty}의 의미도 반영하였다.[26] 또한 인테그리티가 사용될 때 하나님 앞에서 인테그리티를 가진 사람을 지칭할 뿐만 아니라 사람들 앞에서 인테그리티의 사람으로 인정되기도 하였다.

히브리어 '타맘'$^{tamam, תמם}$은 자연히 윤리적으로 견실하고 올바른 것을 가리키기도 한다. 이 말은 이스라엘에서 제비를 뽑을 때 그에 의한 '실상, 올바른'$^{tamin, תמים}$ (삼상 14:41) 결정을 말한 것으로 의로운 것이라 여겼다.

아삽은 다윗 왕의 마음의 완전함$^{tom,\ תם\ 혹은\ 온전함}$을 찬양하였다(시 78:72). 그리고 타맘은 하나님의 명령의 완전한 수행을 서술하는 것으로 사용되었다(수 4:10). 욥기 22장 3절에 '네 행위가 온전한들 그에게 무슨 이익이 되겠느냐'로 번역하고 있다. 그리고 아브라함(창 17:1)과 모든 이스라엘 백성들은 완전tamim, תמים하도록 명령을 받았다(신 18:13, 삼하 22:33, 시 101:2). 그들은 하나님의 완전하고 온전한 백성들이 되도록 요청받았다.

시편 102편 2절에서 다윗은 '내가 완전한 길을 주목하오리니 주께서 어느 때나 내게 임하시겠나이까. 내가 완전한 마음으로 내 집 안에서 행하리이다'라고 고백할 때 이는 자신에게 혐의가 놓여진 특별한 죄들에 대해 결백한 것을 내세우는 주장들이 아니라 진술자 자신의 의도에 대한 순전함을 나타내는 고백인 것이다. 즉 인테그리티의 마음은 하나님 앞에서 완전하고 온전하고자 하는 의도를 나타냄을 알 수 있다.

1. 노아와 아브라함

히브리어 '타맘'tamam, תמם의 파생어 '타밈'tamim, תמים은 창세기 6장 9절에서 노아를 의인이요, 당대의 완전한tamim, תמים 사람으로 표현할 때 쓰였다. 노아는 하나님께 은혜를 입었고, 하나님과 동행한 의인이었다. 그는 온전한 믿음의 완전한 사람, 인테그리티의 사람이었다.

아브라함도 하나님 앞에서 '타밈'tamim, תמים인 의인으로 창세기 17장 1절에 말씀한다. 하나님께서 아브람과 언약을 시작한 것처럼 그의 삶은 규례들에 대한 단순한 순종이 아니라 윤리적 완성이신 하나님의 임재에 의해 다스려지는 인생이었다.

노아와 아브라함의 차이점은 노아는 언약 전의 인테그리티의 사람이고, 아브라함은 언약이 세워진 후에 하나님의 뜻에 순종하여 온전한 삶을 살도록 부름을 받은 인테그리티의 사람이라는 것이다. 두 경우 모두 다 하나님과 사람 사이의 언약을 포함한다. 언약의 핵심은 사람이 하나님께 대한 완전한 헌신이다.

2. 욥

성경에서 하나님의 완전한 사람 '타밈'tamim, תמים으로 가장 두드러지게 표현된 사람은 욥이다. 욥은 완전한tom, תם(욥 1:1, 9:21-22) 사람으로 순전하며tamim, תמים(욥 12:4), 그의 온전함tumma, תמה(욥 27:5, 31:6)이 확고했던 사람이었다. 그는 아내와(욥 2:9), 하나님으로부터(욥 1:8, 2:3) 인정받았던 사람이다. 여기서 욥은 완전한 사람이었지만 죄가 없는 사람은 아니었다. 욥은 9장 20절에서 '가령 내가 의로울지라도 내 입이 나를 정죄하리니 내가 온전할지라도tam, תם 나를 정죄하시리라'고 하였다.

그리고 그는 젊어서부터 그 자신의 모든 죄를 시인하였으며[27] 그 자신을 무죄한 자로 주장할 수 없음을 고백하고 하나님께 자신의 항변을 멈추고 티끌과 재 가운데 앉아서 자신의 죄를 통회하였다.[28]

욥은 그의 친구들이 그에게 두었던 혐의에 대하여는 깨끗하였으나[29], 죄가 없음이 아니라 죄를 통회하는 마음을 가진 것이다. 이것은 실패하고 죄를 지을 수밖에 없는 인간으로서 온전함의 인테그리티를 보여준다고 할 수 있다.

욥은 어떤 형벌도 받을만한 죄를 짓지 않았음에도 고난을 받았다. 오히려 하나님께 대한 헌신의 고통이 그의 죄에 비례하여 나오지 않는다는 것을 보여 준다. 이것은 곧 욥의 헌신의 온전함이다. 우리는 욥이 그가 직면해야만 하는 시련 속에서도 하나님께 충실한 내면의 인테그리티를 지녔음을 알 수 있다. 그는 이유를 알지도 못한 채 인생의 황폐함과 고통을 경험하지만 하나님을 향한 마음과 온전한 헌신의 마음은 손상되지 않았다. 이는 인테그리티의 특징을 그대로 보여 준다. 욥은 그 헌신과 충성의 마음을 끝까지 포기하지 않고 온전함과 진실함, 정직함으로 하나님의 사람으로서의 정체성을 그대로 유지한다. 인테그리티는 단지 죄가 없는 상태를 유지하는 것이 아니라 하나님 앞에서 온전하고자 하며 하나님의 완전하심에 다다르도록 끝까지 자신의 정체성을 확증해 주는 헌신의 삶인 것을 욥을 통해 명확히 보여 준다.

3. 흠 없는 희생제물

히브리어 '타밈'tamim, תמים은 이스라엘의 희생제물에 대한 규범을 서술하고 있다. 희생제물은 하나님의 흠 없는 어린양이신 그리스도의 전형으로 하나님께서 받으시기에 합당한 흠 없는 온전한 것이어야만 했다. 이 용어는 흠 없는 짐승들을 가리키는데 '온전한, 훌륭한, 흠 없는' 등과 같은 용어로 번역되었다.

'타밈'의 다른 명확한 이해는 레위기에서 독특하게 나온다. 희생제물의 완전함과 관련해서 압도적으로 많이 사용하여 동물의 흠 없음을 나타내며 제물로 쓰인 것은 육체적 결함이나 흠이 없는 완전한 상태를 말한다. 이 규례는 제사장 아론의 자손 중에 흠이 있는 자는 여호와께 제사를 드리지 못하는 것(레 22:21-22)과 마찬가지로 모든 제물은 하나님께 드려지는 것이기에 결점이나 흠이 없는 것이어야 했다. 이는 인간들이 지켜야 할 규범에 대한 하나님의 기준을 보여 주는 것이다.

하나님의 완전한 제물은 하나님의 율법의 규례대로 흠이 없다는 것이고, 성경에서 '흠이 없다'라는 표현은 하나님께서 주시는 말씀대로 살아 하나님과 동행하는 것을 의미한다. 하나님께 드리는 제사에서 흠 없는 제물을 살펴야 하는 것은 하나님 앞에서 인간의 온전성과 완전성을 살피는 것과 같다.

'타밈'은 여호와의 말씀과 법이 완전한 것처럼 여호와의 길이 완전하다는 하나님의 인테그리티를 나타낸다. 그리고 사람도 하나님 앞에서 경건하고 온전함으로 인테그리티를 간직해야 함을 보여 준다.

4. 완전함을 뜻하는 '톰'tom, תֹם

'타맘'tamam, תָּמַם의 파생어로서 명사 '톰'tom, תֹם은 전체 사용 중 대부분은 완전함perfection을 뜻한다.[30] 이것은 행위의 본질과 태도 또는 그것을 수행하는 사람의 태도가 완전하다는 것을 말한다. 열왕기상 9장 4절에 인테그리티가 '마음의 온전함'integrity of heart 으로 쓰였다. 그래서 이사야 47장 9절 하반부에 '이 일이 온전히 네게 임하리라'에서 '온전히'는 완전히in their perfection란 뜻으로 쓰였다. 시편 25편 21절에는 정직honest이란 말과 함께 쓰여 하나님과 사람과 더불어 조화롭게 살고자 하는 깊은 열망으로의 성실integrity 로 번역되었다.[31] 잠언 10장 29절, 13장 6절에는 정직한 자the upright

를 가리키고 종종 '걷는다'는 말과 함께 쓰여 '아무 뜻 없이'^{in their simplicity}, '잘못이 없거나'^{blameless}, '결백한'^{innocent} 행동을 가리키기도 하였다.[32]

5. 둠밈^{thummim, tummim} / תמים

히브리어 '톰'^{tom, תם}의 복수형인 '툼밈'^{tummim, תמים}은 출애굽기 28장 30절에서 조금 독특하게 사용되었다. 이것은 하나님 앞에서 인테그리티에 대한 개념을 넓혀 준다. 우림과 둠밈은 국가적 중요성에 관한 하나님의 뜻을 확인하기 위해 사용되었던 돌들이었다.

빛과 완전을 뜻하는 '우림과 둠밈'은 제사장의 흉배 안에 넣어져 있었다. 하나님께서는 아론에게 제사장이 하나님 앞으로 나아가기 전 가슴 흉배에 이 돌들을 넣도록 가르쳤다. 그러한 절차에서 상세한 특징들은 분명하지 않다고 해도 제사장들은 그의 백성에게 '완전하라' 하신 하나님의 명령의 분명한 증거가 없이는 거룩한 성소에 들어갈 수 없었다. 이 돌들은 하나님에 대한 헌신과 하나님께 나아가도록 이어지는 능력을 상징한다. '둠밈'^{thummim, תמים}을 간직하라는 것은 하나님 앞에 완전하라는 인테그리티의 의미를 잘 보여 준다.

6. 행실의 온전함을 뜻하는 '톰'tom, תם

잠언은 주로 다른 사람에 대한 인간의 행동과 관련이 있기에 인테그리티에 대한 내용이 많이 나온다. '그는 정직한 자를 위한 완전한 지혜를 예비하시며 행실이 온전한 자에게 방패가 되시나니'의 잠언 2장 7절에서는 인테그리티가 사람과 하나님과의 관계 모두에 영향을 준다는 것을 보여 준다. 이전의 구절들에서와 마찬가지로 올바른 사람, 인테그리티 있게 행동하는 사람을 강조할 때는 그들의 삶을 도덕적·종교적으로 옳게 일치시키는 사람들을 가리킨다. 여기 잠언의 저자는 다른 저자들과 똑같이 인간의 온전함을 가늠하고자 했다. 위에서 알 수 있듯이 인간이 하나님께 헌신하는 것은 인테그리티의 중심개념이다.

하나님께 대한 헌신과 하나님과의 올바른 관계가 없으면 사람은 온전해질 수 없다는 것을 보여 준다. 인테그리티의 사람은 하나님과의 신앙 관계에 응답하고 이웃과 함께 하는 행위에 대해 그 언약을 명확히 나타내는 사람이다.

히브리어 어근 '타맘'tamam, תמם 단어군은 각각 인테그리티에 대한 기본적인 개념으로 하나님에 대한 신실함과 이웃에 대한 헌신에 있어서 완전한 진실성의 의미를 유지한다.

구약성경에서 인테그리티의 의미는 '온전해짐의 상태나 질 그리고 올바르게 조정된 완전해짐의 상태와 질'에서 출발한다. 이 용어는 실제적 평가로부터 나오게 된 것으로 마음과 동기의 신실함 sincerity과 목적의 단일성, 진정성, 진실성, 올바름의 의미들을 포함하고 있다. 성경적 사고에서 도덕적 인격은 어떤 절대성이나 이상의 헬라 철학에서처럼 판단되는 것이 아니라 하나님과의 관계에서 결정된다. 하나님은 사람이 판결받을 규범을 설정하셨다. 하나님의 판결에서 완전한 사람만이 완전한 것이다.

7. 신약에서의 인테그리티

인테그리티란 말은 신약에서 거의 나타나지 않지만 인테그리티의 개념과 의미를 담은 구절은 아주 많다. 세례요한은 일상생활에서 인테그리티를 요구하고(눅 3:8-13), 예수님께서는 인테그리티란 말을 사용하지 않으셨어도 마음의 청결함에 참여하고(마 5:8), 순전하고 일치된 눈(마 6:22, 눅 11:34-36), 동기의 순수함(마 6:1-6, 16-18), 진실함, 신실함, 정직함을 통해 인테그리티의 삶을 사셨음을 발견할 수 있다. 마태복음 22장 16절과 마가복음 12장 14절에서 바리새인들이 예수께 말하기를 '선생님이여 당신은 참되시고 진리로 하나님의 도를 가르치시며'라고 말한다. 이때 '참되시고'라는 말은 NIV성경에서 인테그리티로 번역되어 있다. 예수 그리스도께서 아무것도 거리끼는 것이 없이 하나님 앞에서 온전하심을 뜻하고 있는 것이다.

마태복음 5장 48절의 '그러므로 하늘에 계신 너희 아버지의 온전하심과 같이 너희도 온전하라'는 말씀에서 온전하심을 인테그리티로 이해하기도 하고 예수님 시대의 의인이라고 설명하는 사가랴와 엘리사벳의 기사를 읽어보면 인테그리티의 사람이 어떤 사람인지 그 개념을 알 수 있다. '유대 왕 헤롯 때에 아비야 반열에 제사장 하나가 있으니 이름은 사가랴요 그 아내는 아론의 자손이니 이름은 엘리사벳이라 이 두 사람이 하나님 앞에 의인이니 주의 모든 계명과 규례대로 흠이 없이 행하더라(눅 1:5-6).' 여기서 주의 계명과 규례대로 흠이 없이 행하는 삶이 인테그리티의 삶임을 보여 주는 것이다.

예수 그리스도는 산상수훈을 중심으로 인테그리티에 대한 이해를 보여 주는데 심령이 가난한 자, 애통하는 자, 온유한 자, 의에 주리고 목마른 자, 긍휼히 여기는 자, 마음이 청결한 자, 화평하게 하는 자, 의를 위하여 박해를 받은 자는 복이 있음을 말씀하시며 인테그리티의 특성들을 보여 주신다. 마음의 순수함과 순결함을 강조하며 율법을 잘 알고 있는 유대인들에게 인테그리티의 가르침과 행위가 일치하도록 요청하였다. 예수께서는 인간 내면의 마음이 외면의 순종으로 이어져야 함을 강조함으로 예수의 생애 자체가 인테그리티의 삶이었음을 알 수 있다.

영어번역 성경 중에서 NIV역과 RSV역에서 직접적으로 인테그리티로 옮겨진 본문은 디도서 2장 7절이다. 인테그리티로 옮겨진 헬라어는 '아프토리아'aphthoria로 신약성경에서 한 번 쓰였다. 이 말은 부정접두사 '아'a와 '프테이로'ptheiro의 변화형이 합쳐진 합성어이다. '프테이로'ptheiro는 '타락시키다, 망치다'에서 '더 낮거나 열등한 상태가 되게 하다, 죽게 하다, 멸하다'의 의미도 있다.[33]

사람에게 있어 좋은 습관도 여러 가지 영향으로 부패하고 망칠 수 있고 정신적으로 부패하여 성실과 순결함과 진리에서 떠날 수 있다.[34] 이로 말미암아 도덕적으로 부패하는 것, 개인의 인간성이 망가지는 것을 뜻하기도 한다.[35] 이것의 반대 의미인 '아프토리아'는 부패하지 않음을 뜻하며 순결하고 진실한 것을 나타낸다.

신약에서 이 단어의 의미 변화에 대해 많은 논쟁이 있을 수 있겠지만 이 생각의 기본적인 의미는 전적으로 부패하지 않음incorruptibility, 건전함soundness이다.[36] 바울은 젊은 디도에게 가르침과 교훈의 인테그리티를 가르치도록 지시한 것이다. 이것은 본질적으로 그가 지금까지 성장하면서 배워 온 가르침과 신앙에 충실하게 하라는 의미이다. 이 시점에서 신약성경의 영어 번역자들은 디도서 2장 7절의 경우를 제외하고는 인테그리티에 대한 총체적인 개념을 포착한 것으로 해석하지 않았고 다른 여러 개의 단어가 인테그리티의 의미를 포함하는 것으로 보고 있다. 헬라어의 여러 단어 의미를 통합하여 이해하면 신약성경에서의 인테그리티 개념을 가질 수 있을 것이다. 또 다른 헬라적 용어 가운데 온전함, 전체성, 완전함의 일반적인 의미들은 헬라어의 몇 가지 단어를 통해 나타난다. 가장 자주 사용되는 단어는 '홀로스'holos[37]이다. 성경에 110번 나왔으며 온전한 의미로 '온전한 사람 또는 행동'을 가리키기도 하였다.

8. 하나님의 인테그리티

인테그리티는 하나님의 속성 중 하나이다. 하나님의 인테그리티는 성경에서 하나님이 어떠한 분이신가를 말씀하는 것에서 분명히 발견된다. 신명기 6장 4절에 '우리 하나님 여호와는 오직 유일한 여호와이시니'라고 말씀하셨다. 하나님은 완전한 분이시고, 하나님은 항상 한 분이시고, 동일하신 하나님이시며 그 자신에게 참되신 분이심을 보여 주신다. 그러므로 그의 피조물들은 하나님을 언제나 신뢰할 수 있으며 의지할 수 있는 분이시다. 왜냐하면 그분의 존재와 행동이 완벽하게 조화되고 통합되어 있으시기 때문이다.[38]

그리고 인간의 인테그리티는 이러한 하나님의 하나됨의 반영일 뿐이다. 결과적으로 의도와 행동, 믿음과 행위, 교리와 정신 사이의 일관성이 있는 것이다. 그러므로 인테그리티의 사람은 하나님의 임재 안에서 온전한 삶으로 예배 때에 흠 없이 정결하게 된 사람, 어떤 상황 속에서도 믿을 수 있는 사람, 어떤 사업적 거래에서도 받을 수 있는 사람, 이웃과 온전히 화합하며 사는 사람, 항상 공평과 긍휼로 배려하며 사랑으로 섬기는 사람이라 할 수 있다.

인테그리티에 관한 성서적 개념은 구약 전체와 신약 전반에 걸쳐 일관된 개념을 가지고 있다. 그 핵심은 하나님과 예수 그리스도 그리고 수많은 의인들의 모습에서 발견된다. 기본적인 의미는 완전함, 온전함, 흠 없음, 참됨의 의미로 기독교인의 삶에서 온전한 사람을 묘사하고 있다. 인테그리티의 사람은 그의 삶 전체가 어떤 한 방향과 완전성에 통합되어 있는 사람이다. 인테그리티에 대한 개념이 전개되는 두 가지 중요한 경로는 하나님과의 관계와 자기 이웃에 대한 관계 행동이다. 인테그리티에 합당하는 용어들이 종종 다양한 의미를 제공하지만 인테그리티의 기본적인 의미는 완전함, 온전성, 올바름, 정직성, 흠 없음이며 이와 같은 개념들은 하나님께 속한 의인의 삶을 묘사하는 핵심 의미인 것을 분명하게 확인할 수 있다.

인테그리티의 과정을 통해
'나'라는 존재가 응답적 신앙을 삶의 형태로 일관성 있고,
통합적이고, 정직하고, 온전하게 나타내는 것이
인테그리티의 신앙적 삶이다.

Chapter
3

인테그리티의 시작과 전개

　인테그리티integrity에 대한 개념에서 먼저 생각해야 할 것은 '한 개인의 정체성과 그 정체성이 부여하고 있는 삶의 헌신적 원칙'identity-conferring commitments39들과의 일관성이다. 인테그리티는 한 개체가 가지고 있는 정체성이 그의 모든 헌신된 삶의 근원적 욕구와 기획이 일치되는지를 살피는 것이다. 이때 나타나는 삶의 헌신은 자신의 정체성을 형성하고 대변할 수 있을 전념과 몰입의 모습을 말한다. 또한 인테그리티에는 그 사람의 행동 가운데 가장 근본적인 틀이 있는데 그 틀에 얼마나 충실하게 일치되는지를 말한다. 나아가 신앙적 차원에서 인테그리티의 기본적이고 형식적인 의미를 말하자면 인테그리티의 원리는 하나님의 창조 질서이다.

생명체가 그 본래 지어진 순리에 맞추어 근본 욕구와 의도, 의지, 행동이 일치되어 통합적으로 질서를 잡는 것은 하나님의 창조성으로 말미암는다. 모든 만물의 창조주이신 하나님께서 본성적 인테그리티에 의하여 만물을 창조하시고 온 세계 만물은 하나님의 의도하신 인테그리티에 합당하게 다스려진다.

인테그리티에 대한 신학적 연구는 하나님의 정체성이라 할 수 있는 하나님의 존재와 하나님으로부터 나온 삶의 헌신들의 행위로 연결되는 관계를 연구하는 학문이라 하겠다. 하나님의 존재와 하나님의 행위들 그리고 그 둘이 연결되는 관계, 하나님의 인테그리티적 속성을 연구하는 것이다. 결국 인테그리티는 하나님의 속성이며 하나님의 창조와 구원방식이다.

1. 삼위일체 하나님의 인테그리티

a. 하나님의 인테그리티적 존재 양식: 삼위일체 하나님

하나님은 한 분이시며 아울러 세 분이시다. 삼위일체로 하나님의 신적인 세 인격이 하나의 공통된 신적 본성을 가진 것이다. 이는 고유하고 다른 것과 교환될 수 없는 주체로 이해되어야 한다.[40] 세 인격인 성부, 성자, 성령은 동일한 인격이 아니며 각자의 독특성을 가지고 각자의 사역을 담당하시나 동일한 신적 본성을 가지고 있다. 세 인격의 존재는 상이하며 세 인격의 사역은 각각 '창조, 구원, 성화'로 구별된다. 그러나 각 인격이 서로 다른 인격들에게 참여하여 내적인 일체성으로 일하신다.

창조의 주체는 성부 하나님이시나 성자와 성령도 창조주 하나님이시요. 구원의 주체는 성자이시지만 성부와 성령도 구원자 하나님이요. 성화의 주체는 성령이지만 성부와 성자도 성화의 하나님이시다. 신적인 세 인격은 서로 구분되어 있어 서로 다른 인격들로 참여하고 그들의 삶 속에 침투되어 하나가 된 것이다.

하나님은 세 분이시나 일체성 속에 하나가 된 세 인격으로 철저하게 일관성, 통전성, 완전성을 이루신다. 이는 하나님의 완전하고 온전한 인테그리티를 보여 주시는 것이다.

b. 하나님의 인테그리티적 헌신들: 하나님의 창조와 구원사역

우주 전체와 모든 인간이 하나님의 영역 속에 있다. 하나님 영역은 인간이 그곳을 향해 나아가도록 촉진하는 존재의 영역이면서 동시에 인간의 노력 없이는 도달할 수 없는 영역이다. 하나님의 창조는 일회적 사건이 아니라 지속적 활동이며 모든 것은 종말에 완성된다. 창조의 완성은 바로 구원으로 하나님과 피조 세계가 우주적 하나로 통합되고 그리스도를 통하여 하나가 되는 것이다.

성자 예수 그리스도의 삶의 방식은 인테그리티의 원형이다. 만물은 그리스도를 통하여 '하나가 되고', 그리스도 안에서 '하나가 되고', 그리스도를 위해 '하나로' 창조된다(요일 1:1-3, 골 1:16-17). 그리스도는 만물보다 먼저 계셨고 그 안에서 통일된다. 그리스도는 자신이 우주의 한 가운데서 인간 피조물의 질료 속으로 들어오셔서 우주 자체를 그 자신 안으로 끌어오신다. 하나님의 창조와 구속의 활동은 온 우주가 하나님과 하나가 되는 사역이다.

이처럼 그리스도는 우주와 필연적이고 본질적 관계를 맺으시며 만물을 자신에게로 이끌어 자신 안에서 하나님과 온 우주를 하나로 이끌며 완전하게 통합한다.

새 창조와 구원은 그리스도 안에서 이루어지는 만물의 본질이신 하나님과 온전히 하나가 되는 통합과정이다. 이와 같이 창조는

그리스도의 강림과 구속으로 결부된다. 우주의 창조자이시며 완성자이신 하나님은 창조과정에서 주도적인 역할을 하되 일방행위로 창조하지 않고 인간의 참여를 배려하시며 그리스도를 통하여 동일한 하나님의 창조의 뜻에 구원자이신 예수 그리스도에 대한 믿음으로 하나가 되게 하신다. 예수 그리스도를 통해 온 인류는 새로운 창조로 하나님과 통합되는 것이다.

창조는 무한 다수가 점차 통합되어 하나님과 하나로 맞춰지는 것이다. 하나님의 존재와 행동 양식은 흔들리지 않으며 일관적이고 서로에게 하나로 침투된 페리코레시스 perichoresis, 상호순환/상호침투/상호교류 적인 일치의 방식이 인테그리티의 원형이라고 볼 수 있다.[41]

2. 인간의 인격과 인테그리티

인간은 하나님의 피조물로서 하나님께서 부여하신 존엄성을 가진다. 인간의 존엄성은 천부적이며 대부분의 사람이 알고 있는 것처럼 인격적 존재이다. 인격이라는 말은 하나님의 형상으로 규정되는 인간의 인간됨을 지칭하다가 근세 이후 새로운 의미를 부여받으며 광범위하게 쓰였다.

근세 이후 인격은 자의식自意識을 지닌 주체성의 행동 중심이면서 자기 자신에게만 속한 원천적 실재로 파악되었다.[42] 이것은 인격이라는 개념이 개별적 인간됨의 특질이면서 동시에 인간의 의식적 자각의 내용이라는 것을 보여 준다. 이러한 인격의 개념을 특별히 윤리적 관점으로 살펴보면 인격은 행위의 주체로서 가지는 인간의 내적 성향, 즉 동기와 의도, 신념과 행위까지 주관하는 전체적 특질을 가리킨다.

스탠리 하우어워스Stanley Hauerwas는 인격이란 행위의 주체자로서 인간의 특질인 신념과 의도와 행위들을 포괄하는 개념이라고 했다.[43] 인격의 행위자는 인격 형성을 통해 자기 삶의 주체적 결정을 하는 자유를 가지고 있다. 인간은 자신의 천성에 맞는 도덕적 역사를 주체적으로 획득하며 그렇게 형성된 인격에 대하여 자신이 책임이 있다는 것을 보여 준다.

그는 인격이 두 가지 특징을 가진다고 말했다. 첫 번째는 도덕 행위자의 자격을 부여qualification하거나 규정determination하는 특정 의도나 신념들을 가짐으로써 형성되는 자아의 특성을 말한다. 이것은 자신이 누구인가를 보여 주고 자아의 일관성 있는 감각을 유지시켜 준다.[44] 두 번째로 인격은 자아의 도덕적 방향을 지도하는 역할을 한다. 인격은 우리가 하는 모든 것의 단순한 총합이 아닌 도덕 행위자로 특정 방식의 행위를 선택함으로써 획득하게 되는 방향particular direction을 의미한다.[45] 그리고 인격의 개념을 통하여 개인의 결단을 나타나는 행위 주체자로서 인테그리티를 강조한다.

인격에서 자아가 일관성 있는 감각을 유지할 수 없다면 도덕적 신념과 행위들은 불안정할 뿐만 아니라 그 기반이 무너지기 때문이다. 그리고 도덕적 주체로써 자아가 일관성과 더불어 항상성을 유지하기 어렵다고 할 수 있다. 여기서 우리는 인격에서 도덕적 항상성과 일관성 있는 감각인 인테그리티가 인격에서 가장 중요한 역할을 하고 있음을 알 수 있다.

버나드 윌리엄스Bernard Williams는 말하기를 인격은 그 사람을 바로 '그 사람'으로 만들어 주는 것이며 각자의 인격은 정언적 욕구들categorical desires로 한 사람의 존재에 대한 가정에 의존하지 않는 것, 그가 살아 있다는 것에 조건적으로 작용할 수 없는 욕구들과 기반 기획들ground projects인 그의 존재에 밀접하게 관련되고 그의 삶에 주목할 만한 정도로 의미를 주는 일련의 기획들로 구성된다고 보았다.[46] 정언적 욕구들과 기반 기획들로 구성된 인격은 그것이 무엇이건 간에 그 사람에게 살아갈 이유를 제공하며 그에게 가치의 궁극적인 토대를 제공하게 된다.[47] 그것은 어떤 사람에게 의미와 정당성을 부여하는 궁극적 원천으로 작용한다고 할 수 있다. 인격을 구성했던 정언적 욕구들과 기반 기획들이 그의 정체성에 맞는 헌신으로 이어지게 하는 것을 인테그리티라고 하는 것이다.

윤리학자 노영란은 윤리적 인격의 특질은 일관성consistency, 안정성stability, 평가적 통합성evaluative integration 으로 나타난다고 보았다.[48] 인격이라는 것은 어떤 일을 의도적으로 행하려는 안정된 성향이고 이러한 행위로 연결을 시도한다는 것에서 인격은 의도가 행동으로 옮겨지는 것과 밀접한 관련이 있다. 인격이 함양된 덕이 있는 사람은 그의 인격을 통해 행위를 하게 되고 그의 감정과 행위를 통해 그의 인격을 확인하게 된다.[49] 그 사이에 인격을 유지하면서 인격이 의도와, 감정, 행위까지 일관적으로 제 기능을 하게 하는 것은 그의 인테그리티이다.

인테그리티는 인격의 다양한 측면들을 온전하도록 유지해 주고 인격을 형성했던 자아의 층위들 사이에서 정체성을 부여하는 기본 기획과 의도에서 헌신적 행위까지 일관성 있게 하나가 되도록 하는 것이다.

이처럼 인테그리티는 인격이 인격되게 하는 가장 중요한 특질이면서 동시에 인격의 모든 내용을 일관적으로 통합되게 하며 항상성을 유지하는 개념으로 인격과 이름을 바꾸어 사용해도 될 만큼 핵심적 위치를 가지고 있다.

3. 신앙과 인테그리티

기독교 신앙은 하나님께서 우리를 부르신 부르심에서 출발한다. 이때 우리에게 요구되는 응답은 전인적인 응답이며 그 응답은 하나님께서 보여 주시고 말씀하여 주신 우리 삶의 모든 영역에서 이루어지는 나의 응답이다. 존재로서의 '나'는 지존하신 하나님의 부르심에 대해 응답함으로 존재하는 '나'이다.

임성빈은 신앙과 삶의 일치를 추구하는 신학의 방향성을 말하면서 '하나님의 부르심에 대한 응답의 삶이라는 의미에서 우리의 신앙은 우리의 삶이다'라고 말했다.[50] 신앙의 본래적 모습은 인테그리티를 통해 삶으로 완성된다는 것이다. 윤리적 삶이란 삶과 신앙의 정체성으로 인한 삶의 헌신이 이루어지는 것이다.

인테그리티의 과정을 통해 도덕적 행위자는 하나님의 부르심에 응답적 정체성으로 자신의 응답적 신앙을 그의 삶으로 나타낸다. 나라는 존재가 응답적 신앙을 삶의 형태로 일관성 있고, 통합적이고, 정직하고, 온전하게 나타내는 것이 인테그리티의 신앙적 삶이다. 신앙은 삶의 태도로 분리되지 않는다. 신앙의 문제는 삶에 대한 관심으로 나타난다. 하나님 앞에서 신앙과 삶이 분리되지 않는 삶 그것이 곧 인테그리티적인 삶이다.

▷ 쉬어가며 생각하는 이야기 1 ◁

예수님의 인테그리티

1990년 제35회 현대 문학상을 받은 현길언 작가의 「사제와 제물」이란 책을 보면 국내에서 가장 대우가 좋다고 하는 대기업에 다니는 직원들이 자신의 작업환경과 좋은 대우를 위해 시위를 하는 이야기가 나온다.

직원들이 자신들의 목적을 위해 나름대로 불공정하다고 파업을 하고 단전과 단수조치로 파업을 막는 사주측에 맞서 농성 노조원들은 단식 투쟁까지 감행하고 있다.

그런데 회사 측은 자진 해산하기를 바라는데 잘 협상이 되지 않자 인품이 좋고 지도자로 존경을 받는 선우백이란 사람을 중재자로 내세워 회사 측의 입장을 설명하기를 원했다. 그러나 선우백은 도리어 농성자들과 합류하며 사태 해결을 위해 노력한다.

농성 노조원들은 자신들의 요구를 널리 알리기 위해 사람들의 통행이 많은 시간에 전단을 뿌렸지만 사람들은 전단에 무관심했다. 농성자들은 사람들의 무반응에 분개하기도 하고 비탄해 하기도 했다. 전단 뿌리기가 실패로 돌아가자 그들은 장기전으로 계속 버티면서 자신들의 입장을 관철시키기로 했다. 그러던 중에 이채원이 선우백 선생을 찾아가 대중에게 확실하게 호소할 수 있는 방법에 대해 조언을 구했는데 그날 이채원이 투신 자살했다.

이채원의 죽음으로 인하여 그동안 별 반응을 보이지 않던 매스컴에서 뉴스로 집중 보도하기에 이르렀고 사람들도 그들의 농성에 관심을 보이게 되면서 회사측에서도 협조적인 태도로 나왔다. 하지만 사태 해결을 위한 회사측의 관심과 노력은 시간이 지나자 다시 무관심으로 변했다.

농성자들은 오랜 농성 시위로 지쳐 갔고 마음도 동요되기 시작했다. 무력해진 그들은 자신들의 결의를 다시 집결시키기 위해 단식 농성을 결심하고 그 사실을 대외적으로 홍보하기로 했다. 그리고 회사 사장에게 이채원의 투신 자살에 이어 자신들도 죽을 결심을 했노라고 통보한 뒤 무기한 단식 투쟁에 돌입했다.

농성 노조원들은 노래를 부르며 투쟁의 결의를 재확인시켰다. 그러나 농성을 벌이고 있는 빌딩을 포위한 진압군들은 투신 자살을 막기 위해 매트리스를 준비하는 등, 강제 해산과 연행을 위한 만반의 준비를 마치고 대기 상태에 있었다. 그때 강철규 노조지도자는 선우백 선생에게 "사제司祭, 제사장은 제물祭物을 다른 곳에서 구하는 것이 아니라 자신을 희생함으로써 진실한 의미를 갖습니다"라고 하면서 사제와 제물의 관계에 대해 언급 했다.

문제는 선우백 선생은 강철규의 이 말이 자신에게 스스로 제물이 되라고 종용한다는 것을 깨닫게 된다. 그때 선우백 선생은 진정한 사제의 모습이 무엇인지를 더욱 확실하게 깨달으면서 다음과 같이 말한다.

"성서에는 제사장이 자기 자신을 바치거나 자기의 것 중에 가장 소중한 것을 제물로 바쳐 제사를 드리는 이야기들이 많지요. 아브라함은 백 세에 얻은 외아들을 바쳤습니다. 그러한 제의식은 예수의 시대에 와서 완성됩니다. 그는 자기 몸을 바쳐 십자가에 죽음으로써 가장 큰 제사를 치르게 되고 인류의 제사장이 됩니다. 그게 바로 사제의 길이지요. 우리의 현실과는 아주 다릅니다. 우리들의 사제는 자신을 제물로 바칠 생각은 않고 다른 곳에서 그것도 약하고 힘없고 한스럽게 살아온 민중들에게만 요구합니다. 더구나 가증스러운 것은 그러한 폭력을 자행하면서도 민중이 역사의 주체 운운하면서 그들을 현혹하여 기꺼이 제물이 되기를 부추긴다는 사실입니다"

이 글에서와 같이 이 세상은 자신의 목적과 이데올로기가 중요하다고 말하고, 자기의 주장이 맞다고 이야기하면서 자기는 포기하지 않고, 스스로 제물이 되지 않고, 다른 사람을 제물 삼으려고 한다. 이 시대에 제사장은 많지만 제사장이 의도했던 진정한 의미의 제물은 없다. 세상의 많은 사람들은 무언가를 바쳐야 된다고 말은 하면서 정작 자기 자신은 드리지 않으며 헌신獻身하지 않기 때문이다. 진짜 제사장은 스스로 제물이 되는 것이다. 예수님은 제사장이면서 그 예배를 온전히 이루기 위해서 인간의 죄값을 치르기 위해 자신을 제물로 드리셨다. 예수님은 온전한 인테그리티적 인간이다.

공동체에서의 인테그리티는
내적인 통합성뿐만 아니라
외적으로 관계적 통합성에 관심을 두어야 한다.
그렇지 않으면 여전히 자기중심적이며
다른 사람을 배려하지 않는 사람이 되는 것이다.

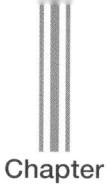

Chapter

4

인테그리티의 자기 통합성

　인테그리티는 개인이 자기 안의 단일성을 추구하는 통합성에 대한 개념이다. 자기 내면의 일관성 있는 마음의 흐름을 만든 것과 전반적 행위들도 일관성이 있는 것이 인테그리티의 모습이다. 자기 통합성은 분열되지 않은 하나의 상태를 찾고 유지하는 것이다. 그저 이전에 해 오던 관습적 행위들을 준수하는 자신과 그 관례의 정당성이나 올바름을 인정하지 않거나 생각하지 않는 모습이 일치하지 않는 것은 '자기 통합성'이 가리키는 상태는 아니다.

자신의 원칙들이라 말한 것들을 그저 말로만 인정하거나 그 원칙들을 지금까지의 습관으로 따랐다면 그 원칙에 자신을 개입시키지 않아야 한다. 그 사람은 다른 사람뿐 아니라 자기 자신을 기만한 것이고 자신 안에 전혀 내적으로 통합되어 있지 않는다. 그것에 대해 생각하지도 않는 것이다.

그러나 자기 단일성과 자기 인격적 통합성을 기반으로 해서 자기 자신이 가지고 있는 삶의 원칙들과 그가 지금까지 가지고 있던 관습적이고 전통적인 것들을 분석하고 그 행위들을 그대로 고수하거나 더 이상 고수하지 않을 것을 결정하는 것은 자아 통합적인 인테그리티를 가지고 있다고 볼 수 있다.

어떤 사람이든 그가 인테그리티를 가지고 있다고 인정받기 위해서는 그 자신의 원칙이 관습적 원칙들과 일치하든 그렇지 않든 자기 자신의 주체성을 먼저 확보해야 한다.

한 사람이 자신의 모든 범주 안에서 말과 원칙이 하나가 되지 못하는 통합성이 문제인데 그 기본은 한 사람이 한 머리를 가지고 그 통제를 받는 한 유기체라는 것이고 그가 한 말과 행동의 주체가 행위 주체자의 것으로 확정돼야 한다. '착하게 살아야 한다'라고 말하는 것은 통합성과 아무런 연관이 없다.

어떤 제한을 붙여 본다면 '나 빼고'라고 한다든지, '잘생긴 사람 빼고'라고 하면 착하게 산다는 말의 논리적 접근은 힘들게 된다. 마음, 말, 행동 등 인간의 모든 움직임에 대한 주체를 명확하게 해야 한다. 그래서 맥팔McFall은 이러한 부분을 명확하게 하기 위해 일인칭 문제를 필수적으로 하였다.[51]

모든 논의를 일인칭으로 말하고 모든 행위도 그 자신의 것으로 한 다음에 그 개인에게 그 자신의 원칙들과 가치들에 대한 헌신되는 삶의 층위 간의 일관성을 요구하는 것이다. 이런 의미에서 자기 통합성의 인테그리티는 자신에 대해 신뢰할 수 있는 진정성authenticity과도 연결된다.[52]

자기 통합성의 인테그리티는 한 유기체 안에 있는 모든 움직임에 있어서 스스로 일관성을 진실하게 고수하면서 행동하는 것을 요구하는 것이다.

이때 자기 통합성의 조건은 단순하지 않다. 인간의 행동으로 결정되기 위해서는 그 행동에 있어서 단순한 일관성에 덧붙여서 그 자신의 원칙을 정하는 것과 그 자신의 원칙에 따라 행위를 할 것 그리고 그 행위를 하게 된 동기와 원칙 간의 정합성 등이 요구되는 것이다. 이는 도덕적 결정을 하게 될 때 사고의 층위 또는 존재의 층위들과 함께 고려되는 것이다. 이것을 린 맥팔Lynn McFall은 '내적 정합성'internal coherence이라고 부르고 이에 대해 어떤 종류의 정합성coherence을 기본적으로 요구하는지를 말하고 있다.[53] 인테그리티의 자기 통합성이 요구하는 정합성을 다음의 네 가지로 정리해 볼 수 있다.

1. 개인적 원칙들의 일관성

한 개인의 인테그리티라는 것은 도덕적 행위자의 내적이고 외적인 결정단계 대상들에 있어서 논리적 일관성으로써 정합성을 가리킨다. 그 사람이 가지는 원칙들이나 결정들이 그 사람 안에서 모순되지 않는다. 원칙들끼리 그리고 원칙에 대한 해석들이 서로 충돌하지 않고 내용에서 모순되지 않아야 한다. 도덕에서 원칙이라는 것은 인간의 모든 행위와 선택의 도덕성 여부를 판단케 하는 객관적인 가치 기준이다. 한 개인이 가지고 있는 원칙들은 여러 상황과 맥락에 따라서 여러 가지 일 수 있다.

행위자에게 있어서도 저마다의 우선순위와 정언적 욕구가 있고 합리적 욕구에서는 일차적, 이차적 욕구들이 있다. 그런 가운데 원칙들이 여러 개 있을 경우 그 원칙 간의 정합성과 일관성이 있어야 한다. 그러나 여러 가지 원칙들이 일관성이 없어 보이기도 하고 원칙 자체에 있어서도 일관성이 없을 수도 있다. 이렇듯 인간은 순간의 유혹에 이끌릴 때 자신을 허용하기 위하여 마련한 장치일 수도 있고 그러한 욕구와 원칙을 허용하게 만든 또 다른 근원적 욕구가 있을 수도 있다. 이 경우 원칙 간의 일관성을 확인하고 유지해야 하며 도덕적 최고원칙이라 할 수 있는 기반 기획이나 정언적 욕구에 입각한 원칙을 정하고 그것을 기준으로 해서 원칙을 정하기도 하고 앞에서 논의한 규범과 맥락적 위치를 숙고한 후 그 상황에 맞는 원칙들을 재배열하기도 한다.

자기 통합적 인테그리티는 행위자가 어떤 일관된 원칙이나 마음의 결정으로 이루어진 집합에 있어 자기 삶의 결정을 통합적으로 일관성 있게 이루어 가는 것을 요구한다.

2. 원칙과 행위 사이의 정합성

도덕적 행위자가 도덕적 결정을 내린 다음 행동하려 할 때 결정한 원칙과 행위 실천 사이의 정합성이 요구된다. 자기통합적 인테그리티는 자신이 결정한 원칙을 지키려고 할 때, 예외의 경우를 갑자기 만들거나 지키기로 했던 원칙을 새롭게 파기하려는 유혹이나 도전에 부딪혔을 때 행위자는 그것에 방해받지 않고 그 원칙을 고수하며 일관적으로 유지하는 것을 말한다.

이것은 인테그리티의 논의가 어떤 일을 행할 때 나타날 수 있는 의지박약이나 위선 그리고 자기기만과 같은 원칙과 행위 사이를 분열시키려는 도전을 해결해야 함을 의미한다. 또한 인테그리티의 무대는 도덕적 행위자의 결정 과정에서 의지박약이나 위선, 자기기만 등의 인간적인 현상들이 언제든지 인테그리티의 온전성을 깨뜨릴 수 있는 시험의 자리가 된다는 것을 말하는 것이다.

인테그리티가 도덕적인 덕으로 인정받거나 사람들의 칭송을 듣는 경우는 힘들고 어려운 유혹과 시험 가운데에서 굳은 의지와 본래의 원칙대로 행위를 한 경우이다. 도덕적 행위자의 의지가 약할 때나, 위선적 행동이나, 자신까지도 속이는 상황은 원칙과 행동 사이의 괴리를 불러온다.

한 사람이 인테그리티의 사람이라고 인정받을 때 그가 지금까지 행해왔던 일들이 아무런 유혹과 시험이 없는 상황에서 그저 온전했다고 말하는 사람이 아니다. 예수님께서 십자가를 지실 때에 기도하시기를 '나를 여기서 벗어나게 해 주십시오. 이 잔을 내게서 거두어 주십시오'라고 하면서 이 고통에서 벗어나고픈 유혹과 시험이 있었다. 그러나 예수는 그 유혹과 도전을 견뎌내고 원래 가지고 있던 원칙인 '나의 원대로 마옵시고 아버지의 원대로 하옵소서' 하며 아버지께 순종하였다. 이것이 그가 인테그리티의 사람임을 인정하는 증거가 되었다.[54] 도덕적 행위자가 자신의 행위를 실천하면서 어떤 방해의 가능성이 전혀 없는 그런 종류의 원칙이 아니라, 원칙과 행위 사이의 장애물이 있음에도 일관성 있게 원칙을 유지하는 것을 말하는 것이다.

통합성으로써 인테그리티는 어떤 원칙을 지키고 그 원칙을 따라 실천 행위가 의지적으로 시행될 때 행위자가 얼마만큼의 중요한 댓가를 지급함으로 얻어지는 가치이다. 그래서 그러한 댓가가 지급되지 않는 도덕적 행위자의 책임 있는 응답이 아닌 통합적 일관성은 의미가 없게 되는 것이다. 통합적 인테그리티의 조건은 도덕적 행위자의 의지적 결과여야 한다. 개인에게 있어서 가지고 있는 도덕적 원칙을 지킬 때 그러한 원칙을 고수하는 것을 방해하는 비교적 큰 유혹이나 도전이 있어도 그것을 의지적으로 누르고 행동하는 것이 인테그리티를 이루는 구성적 조건이다.

조직 구조상 행위자가 불가피하고 강압적인 상황에서 지키지 않으면 안 될 원칙이 있을 때 그가 가지고 있던 원칙을 일관적으로 충실하게 지켜졌어도 주체성과 자발적 책임성이 없기에 행위자를 인테그리티하다고 하지 않는다.

인테그리티는 인간의 모든 행위는 자신의 이익에 따라 행해진다고 말하는 윤리적 이기주의적 관점과도 다르다. 타인을 위해 당연히 해야 하는 의무는 아닐지라도 타인의 이익을 위해 자신의 삶을 포기할 때 겉보기에는 이타적으로 보일지라도 끝까지 따지고 들어가 보면 자기의 행복을 위한 이기주의적 발상이라는 것이다. 아무리 이타적이고 고상해 보여도 자기의 만족과 명성을 위한 이기적인 행동임은 또 다른 차원의 위선일 수 있다. 이것이 자신의 이익을 위해 원칙을 따라 행위를 하는 경우로 볼 수 있지만 그와 같은 경우는 도덕적 의도와 관련하여서 인테그리티라고 말하지 않는다.

인테그리티는 그 자신이 행해야 할 행위들을 결정하고 선택할 때 선택할 수 있는 여러 행동 간의 이해적 충돌과 갈등 가능성을 전제한 것이다. 그 원칙을 지켰을 때, 존재하는 가치와 그 원칙을 저버렸을 때 예상되는 가치 사이에서 행위자가 갈등할 수 있음을 필요로 한다. 이것은 행위의 규범적 원칙을 가지고 그 원칙을 올바르게 실행하려 시도할 때에는 당연하게 발생하는 일들이다.

그러나 그 가운데 행위자가 인테그리티가 있어서 일관적으로 통합해서 행동했는지 아니면 어쩔 수 없이 불가피해서 원칙을 받아들였는지를 구별해 내려면 이러한 부딪치는 도전과 갈등의 과정이 필요하다.

이 과정 가운데 인테그리티를 망가뜨리거나 공격해 오는 자기기만, 의지박약 등 인간 행위와 관련된 성질들과 방해물들을 직면하고 그로 말미암아 행위자는 자발적인 의지로 원칙에 입각하여 일관성 있게 온전히 통합하여 행동했음을 증명해 내는 것이다. 인테그리티를 명백히 보이고자 하는 이러한 시험 과정을 거치면서 행위자는 자신의 의지박약, 자기기만과 같은 것이 행위자의 내적 정합성이 이루어지지 못해 윤리적 실패로 이어지는 것을 보게 된다.

대부분의 사람은 도덕적 원칙을 알면서도 인테그리티를 지키지 못하고 실패하는 경우 행위자의 실패나 실수를 인정하고 고치기보다는 교묘한 후속적 합리화로 이어진다. 행위자는 자신의 원칙과 그 원칙을 지키지 않아도 될 것으로 이끄는 유혹 사이에서 자신을 기만하는 방식을 취한다. 다른 일은 해당되지 않아도 그 경우에 있어서만은 예외적인 규정으로 원칙과 행위 간의 일관성이 지켜진 것으로 생각하려 한다. 가능한 기회가 오면 자기도 모르게 원칙이 재진술 되어 변경되거나 원칙을 모호한 추상화로 연결하기도 한다.

예를 들어 아주 오래 된 친한 친구와의 우정을 소중히 여기고 무슨 일이 있어도 의리를 지키겠다는 원칙을 자신의 원칙으로 삼은 사람이 있다. 그런데 사업을 진행하다가 돈 문제로 친구를 배신

해야 하는 유혹이 몰려올 때 인테그리티가 없는 사람인 경우 원칙과 행위가 정합성을 지켜야 하는 상황에서 첫 번째 내적 정합성으로부터 탈출을 시도한다. '지금까지는 내가 친구로 잘 지내왔고, 내가 백 번 잘해 왔잖아. 이번만큼은 용서가 될 거야'라고 예외 규정을 만들어 괜찮은 자기기만을 일으킨다.

두 번째 내적 정합성으로부터 탈출은 원칙을 재진술하는 방법이다. '그래, 친구는 맞는데 이 친구는 나에게 나쁜 일을 한 적이 있어. 의리를 지킬 만한 친구는 나에게 나쁜 일을 하지 않아야 해. 그래서 사실은 친구가 아니야'라고 친구의 정의를 재진술하는 것이다. 또는 '내가 잠시 이렇게 하는 것은 내가 더 잘 살게 되어서 이 친구의 살림살이를 돌보아 주면 되니 이건 친구를 위한 일이야'로 합리화하는 것이다. 자신이 지키기로 정한 원칙을 부정하면서 의리와 일관성 없는 행위를 드러내기보다는 차라리 자신의 입장이 허용되는 원칙을 새롭게 만들어내는 것이다. 말하자면 죄 없이 죄를 짓는 방법이 되는 것이다.

이러한 원칙의 재진술을 마음 편하게 하기 위해서는 자신의 원칙을 좀 더 멋있고 교묘하게 추상화시킬 수도 있다. '의리라는 것은 말로 하는 것이 아니고 나중에 어려울 때 도와주는 것이 진짜 의리야' 하는 방식처럼 말이다. 그러나 이것들은 모두 인테그리티가 없는 원칙과 행위의 일관적 정합성을 깨뜨리는 자기기만이며 의지박약의 다른 표현양식이다. 이제 행위자의 내적 정합성은 행위자의 원칙과 동기의 일관성을 살펴보며 행위자의 마음, 행동, 결정과정의 층위들을 하나하나 점검하고자 한다.

3. 행위 원칙, 내적 동기 그리고 의도 간의 정합성

인테그리티는 행위자가 가지고 있는 행위의 원칙과 그 행위자의 내적 동기와 의도가 하나가 되어야 한다. 자신의 의도에 따라 만들어진 그만의 원칙과 그의 본래 의도가 일치해야 하는데 만일 행위의 결과가 별문제 없이 좋다고 하더라도 본래 의도와 다르다면 그것은 인테그리티라고 할 수 없다.

자기 통합적 인테그리티는 행위자의 내적 동기와 의도를 밝히고 삶의 다른 영역들과의 일치 여부를 살펴야 한다는 것이다. 예를 들어 한 사람이 빙판길에서 미끄러지면서 다른 사람을 구하고 자신이 다치게 됐다면 결과적으로 보았을 때는 사람의 생명을 구하는 의인적 행동이었다. 하지만 그것이 칭찬 들을 수 있는 일이라 할지라도 인테그리티의 행동은 아니다. 이와 같이 잘못된 이유와 동기로 착한 일을 행한 여러 행위를 인테그리티에서는 제외시킨다.

원칙을 지키는 것이 자신의 의도와는 상관없이 어떤 외적인 조건이나 이유에 의해서 결정된 결과라면 그것 또한 자기 통합의 인테그리티라 말할 수 없다. 자기 주체적인 원칙을 준수하고 그 행위가 행위자 본래의 의도와 일치되어 진행되었을 때 인테그리티라 할 수 있는 것이다. 어떤 일을 할 수 밖에 없는 강제상황과 해야 하는 의무 상황과 그 의무를 하기로 정한 의무의 동기와 의도를 점검하여 그 기본적 가치와 동기가 일치해야 함을 말하는 것이다.

행위자는 행동을 그렇게 할 수 밖에 없는 원칙을 만든다. 하지만 그 원칙은 행위자의 동기에 의해 행위들의 형태들이 일관성 있게 묶여 있는 것이다. 때론 행위자의 모습을 보면서 그가 하는 일이 너무 의무적이어서 '너는 여기에 정성이 없어 영혼이 없어'라는 평가를 할 때 그 일이 의무인지 그 의무를 왜 하는지에 대한 동기를 살펴보아야 한다. 그것이 본인의 의도로 인해 의무로 정해졌다면 동기에 걸맞은 의무 행동으로 의무적 행위를 동기와 일치하게 될 때 그는 인테그리티의 사람인 것이다. 그러나 본인의 동기와 의도가 없는 강제상황에서의 의무라고 한다면 그것이 위선이나 행위자의 의무 자체에 대한 인식과 내적 동기와 일치되었다 할지라도 인테그리티의 일차 조건이 깨졌다고 볼 수 없다. 다만 사회적인 관점의 인테그리티와 관련되는 것이다.

자아 통합성에 대한 인테그리티의 행위는 행위자의 원칙들을 인지하고 그 원칙들을 따르고자 하는 동기와 의도로 시행되어야 한다. 이는 자신이 선택한 원칙에 대하여 윤리적 지식이 필요하다. 자신의 원칙이 자신이 행하고자 하는 의도와 일관성이 있는지를 살펴볼 수 있는 지식이 있어야 하기 때문이다. 행위자가 사는 이유, 동기, 의도에 의해 원칙이 정해지고 진행된다면 행위들의 다양한 변화에 대응해야 할 원칙들과 행위자의 동기와 의도와의 일관성을 적합하게 이해해야 한다.

인테그리티는 내적 동기를 살피고 그 의도에 맞추어 내 의도에 맞게 원칙이 시행되는지를 보는 것이다. 내가 아닌 다른 사람의 의도나 이유 그리고 사회적 체제의 이유로 나의 원칙이 정해졌다면 그것은 변화 가능한 원칙이고 인테그리티와 상관없이 진행된다. 따라서 인테그리티는 행위자의 행동에 대하여 행위의 원칙과 그 행위의 의도와 동기 사이에 내적 일관성을 유지해야 한다.

4. 인간의 내적 욕구들과 의지의 정합성

인테그리터의 조건은 인간의 행위에 있어서 인간의 내적인 욕구들과 의지들의 정합성을 살피는 단계가 필요하다. 사람들의 삶에는 여러 가지 욕구들이 있는데 욕구들의 질과 우선순위가 생긴다. 당장 해결해야 하는 욕구와 미래의 계획을 위해 의도를 가지고 자제해 왔던 욕구가 있을 것이다. 그러한 욕구들과 의지는 개인의 정언적 욕구와 자아의 근본 기획인 개인의 정체성과 일관적인 관계를 갖는다.

인테그리티의 사람은 이러한 욕구들과 자아의 근원적 기획들과 일관된 방향을 가지고 있다. 인간의 욕구와 의지 단계에 있어서 통합된 자아 연구에 공헌을 한 사람은 해리 프랑크푸르트Harry G. Frankfurt이다. 프랑크푸르트에 의하면 욕구desire와 의지작용volition은 위계적으로 배열하여 구분하고자 하는 노력을 하였다.[55]

인간들에게는 여러 층의 욕구들이 있다. 첫 번째 층의 욕구들은 다양한 선들goods을 위한 욕구이고, 두 번째 층 욕구들은 한 사람이 어떤 선을 갈망함에 있어 다른 것보다는 첫 번째 욕구대로 행동하려는 욕구이다. 그리고 두 번째 층의 욕구와 의지작용은 세 번째 욕구와 의지작용을 위한 길을 준비한다.

프랑크푸르트에 의하면 온전히 통합된 인테그리티의 사람은 다양한 수준의 욕구와 의지작용을 조화롭게 정리하고 가장 높은 수준까지 완전하고 일관성 있게 동일화하는 사람이다.

여기에서도 상위 수준의 욕구들과 그 아래 수준의 욕구들과 의지를 동일화한다는 것의 의미에 대해서는 여러 의견이 있다. 그러나 하나의 방향으로 일관성 있게 동일화한다는 것은 자신의 욕구들과 의지가 어떤 것인지 파악하는 것으로부터 시작해야 한다. 그것은 자신의 가려진 욕구들에 대해서 하나님과 자신 앞에 진실하게 내어놓는 욕구를 드러내는 작업이다. 그렇게 함으로써 자신 안에서 갈등하는 여러 욕구들을 볼 수 있다.

어떤 원대한 꿈과 욕망에 있어서 그것을 이루겠다는 계획된 동일화도 있겠지만 여기서는 자신의 욕구들과 지금 하고자 하는 의지와 그것이 행동으로 나타나는 층위에 대해 논하고 있다. 그것이 완벽히 통합되어 일치되었을 때 인간은 전념하고, 헌신하고, 그것에 전심으로 몰입하는 것이다. 그리고 존재의 가장 강렬한 욕구로 행동한다면 다소간의 가치 수준을 넘어 가치가 있거나 없는 욕구들 사이에 조금의 흔들림도 없이 확고하게 행동할 것이다.

그 과정에서 도덕적인 행위를 위해 그의 의도와 욕구들을 점검하고 그 가운데 첫 번째 층의 욕구를 구별하고 그것이 그 존재의 정체성으로부터 비롯된 욕구인지를 확인하는 것이다. 그 첫 번째 층의 욕구에 맞추어진 의도에 따라서 그 아래의 욕구와 의지들은 제한되는 것이다.

예를 들어 기말 과제를 해야 할 학생이 도서관에 있을 것인가 아니면 친구들과의 파티에 참여할 것인가를 고민하는 상황이 발생되면 그에게 있어서 일차적 욕구가 무엇인지를 살펴보아야 한다. 친구들과의 놀이보다는 인생의 다음 단계의 성공이 더 소중하다고 생각되면 그는 재미없고 단조롭지만 전심으로 도서관에 있게 될 것이다. 그러나 미래보다는 친구관계를 더 소중히 여기고 즉흥적이고 재미있는 것에 더 가치를 두는 사람이라면 기말 과제를 엉터리로 하는 한이 있어도 친구들과의 파티를 즐길 것이다.

여기서 어느 것이 일차적 욕구인지 무엇이 자신의 정체성에 맞는 최고의 우선적 욕구인지를 밝혀야 한다. 자아가 온전히 통합된 사람은 자신의 존재의 이유가 되는 정체성으로 말미암은 최고의 우선적 욕구에 의해 낮은 단계의 욕구와 의지를 밝혀서 일관성 있게 인정된 욕구와 의지는 승인하고 다른 욕구는 버리는 것으로 나타난다. 그 과정에서 인간은 자신이 실제로 가장 강력하게 원하는 것으로부터 그것을 제외하고 다르게 행동하는 예는 없다. 그러한 사람은 정신 이상자이거나 삶의 합리적 사고가 불가능한 방탕아일 뿐이다.

인테그리티의 사람은 자기 통합을 통해 자신 안에 있는 강한 욕구로 자신의 의도와 의지를 정하고 그 일에 전심성을 가지고 몰입해간다. 행위자가 그 자신에게 양면성 또는 불일치가 없도록 만들어 온전히 일관성 있게 통합된 행위자를 프랑크푸르트는 '전심성 wholeheartedness을 가진 사람'이라고 불렀다.

욕구와 의지들의 정합성을 논하는 과정은 분명 갈등의 과정이다. 자신의 일차적 욕구에 따라 결정을 하되 시간적 배열들과 현재와 미래에 고려해야 할 점이 달라질 것이다. 나를 위한 선택과 타인을 위한 선택을 분별하는 것에서 그 욕구의 대상과 그가 진짜 원하는 것이 무엇인지를 파악하고 존재 이유를 살펴야 한다.

하나님의 사람으로 부름을 받은 목회자는 기독교 사역자로서 도덕적 원칙을 가지고 있으며 그 원칙이 시행될 때의 의도와 의무를 잘 알고 있다. 이때 자신의 욕구와 의지, 하나님의 부르심으로 말미암은 삶의 근본 기획과 정체성에 일관되게 응답해야 한다. 목회자의 일차적 욕구와 의도, 의지를 살펴서 그 아래의 이차적 욕구로 말미암은 행위들을 버려야 한다. 눈앞에 당장 해야 할 일과 더욱 온전한 삶의 성공을 위해서 인내해야 할 일을 욕구와 의도의 측면에서 분별해 내야 한다.

목회자에게는 그 존재 안에 하나님의 자리가 있다. 목회자는 하나님의 음성을 듣고 하나님으로부터 인간의 영적인 존재 층위에서 인도함을 받는다. 소명 자체가 영적인 부르심이고 그 부르심으로 말미암아 정체성이 정해지고 그 안에 정언적 욕구와 근본 기획을 시작하는 여러 층위의 욕구와 의지들의 일관적 정합성이 있어야 한다. 그것은 하나님의 영적 부르심과 각 개인의 영적이라고 말하는 존재 이유와 동기, 욕구와의 정합성이다.

목회자의 자아인식에 있어서 자아의 깊은 곳인 영적 층위에서 하나님의 부르심에 응답하여 하나님의 명령과 사명에 순종하는 것이다. 여기에 목회자는 자기 안의 영적 존재의 가장 깊은 단계에서 하나님의 자리를 인지하고 하나님과 친밀한 사랑으로 그 영적 방향과 자기 마음의 동기와 이유의 정합성을 살펴야 한다.

이상으로 도덕적 행위자의 행위를 결정하는 과정에서 일관성을 추구하는 내적 정합적 조건들을 생각해 보았다. 자기 통합성을 추구하는 인테그리티는 도덕적 행위자를 일관성 없이 자기 충동적으로 감정이 움직이는 것으로부터 보호해주고 비합리성, 순간적인 자기 합리화, 의지박약, 자기기만 등의 교묘한 자기 분열적 행태들을 구별해준다. 그러나 이러한 내면적 정합성과 아울러 그 지경을 확장하여 도덕적 행위자의 안과 밖의 내면과 외면적 인식의 통합성도 살펴보아야 한다.

자신을 개별적 존재로서 타인과 구분해 자신에게는 중심적 존재로 인식하고 또 다른 차원에서는 사회 공동체 집합 안의 개체로 타인과의 관계 속에서 자신의 모습을 객관화하는 과정으로 인테그리티를 살펴보아야 한다.[56] 만일 자신만의 세계 속에서 자신을 '나'로서 인식하고 제삼자적 위치의 관계 속에서 자신을 인식하지 못한다면 자신과의 관계 속에서 통합되어져 있는 것이 아니다.

단순히 '나'가 아니라 그 관계 속에서 '최정일'로, 학교에서 교수나 학생으로서, 공동체에서 '구성원 최정일'로 자신을 인식하는 것이다. 다른 사람들과의 관계 속에서 자신을 인식할 때 나와 타인은 각기 구별되고 독립적 존재임과 동시에 각각의 특성과 서로가 동등하고 같은 자유와 권리를 가지고 있는 존재라는 것을 인식하게 된다.

그것으로 새로운 통합적 관계를 구축하게 되는 것이다. 특별히 동서양 사람들간 미묘한 차이의 관계 속에서도 주관적인 자아 중심의 삶이 아니라, 공동체에서의 인테그리티는 보다 내적인 통합성뿐만 아니라 외적인 관계적 통합성에 관심을 두어야 한다. 그렇지 않으면 여전히 자기중심적이며 다른 사람을 배려하지 않는 사람이 되는 것이다.

인테그리티란
어떤 행위가 가치 있고 의미 있는 것인가는
공동체의 숙고한 과정에서 자신의 역할을 발견하고
그러한 역할에 대해 자신의 관점을 갖는 것을 의미한다.

Chapter

5

인테그리티의 자기 정직성과 공동체성

1. 인테그리티의 자기 정직성

인테그리티는 도덕적 행위자가 사실을 인지하고 표현함에 있어 양심과 조금의 거리낌이 없는 깨끗한 마음으로 조금의 사심도 없이 있는 그대로를 나타내는 진실성truthfulness, veracity과 정직성honesty의 의미가 있다. 인테그리티의 사람은 진실을 말하고truth-telling,

개인적인 욕심이나 어떤 권력에 이끌리지 않고, 마음의 굳건함으로 정직하게 말하는 사람이다. 단순히 보이는 것을 보이는 대로, 느끼는 것을 그저 말하는 것이 아니다. 이는 도덕적 개념으로 어떤 객관적 사실들을 주위의 압력이나 본인의 유익을 위해 변동하거나 굽히지 않고 주관적이지만 객관적으로 말하려는 태도를 의미한다. 정직은 다른 사람을 존중함이 담겨 있고 도덕적 선을 위해 진실을 말하는 것이다.

특별히 전문직에 해당하는 자들에게는 이러한 정직성의 인테그리티가 필수적이다. 인테그리티는 객관적 진실과 관련하여 타락되지 않은 상태와 사태를 공정하게 처리하는 특성으로 올바르고 정직하게 바라보고, 받아들이고 반응하는 개인적인 덕으로 볼 수 있다. 첨단 정보나 고급 지식을 다루는 전문가에게 공공의 유익을 위해 요청되는 기준을 소유하고 이를 확고하게 지켜야 하는 개인적인 의무를 부여한다.

정연재는 실천 윤리영역에 있어 인테그리티가 가장 중요하게 필요한 부분은 연구윤리 영역임을 말하면서 '연구 부정행위의 방지, 책임 있는 연구 수행, 바람직한 연구 실천' 등은 리서치 인테그리티의 진실성과 긴밀한 연관관계를 갖고 있음을 보였다.[57] 이는 '리서치'라는 연구 행위를 전문직인 특별한 기술과 훈련된 교육을 받은 개인들이 수행하는 전문기술로 보고 있으며 이러한 연구자는 전문직으로 책임을 실현할 때 지켜야 할 작업기준으로 연구의 진실과 인테그리티를 제시하고 있다.

최경석은 생명과학자가 지켜야 할 연구윤리에 대해 말하면서 '과학자가 자신의 연구수행에 동반되는 전문직 윤리를 스스로 지키고자 하는 것은 올바른 연구자로서 품위를 지키고자 하는 것이고, 연구자로서의 자신이 인테그리티를 지키고자 하는 것은 연구자다운 삶을 살고자 하는 것'[58]이라고 하였다. 연구자로서의 정체성과 품위와 삶을 연결하여 인테그리티를 강조하였다.

전문직에 해당하는 전문적 연구자에게 연구를 시행하고, 실험하는 날짜가 기재되고 서명되어 묶어진 실험 노트에 정확하게 데이터를 기록하고 보고해야 할 때 있는 그대로를 정확하게 진실을 말하는 것은 인테그리티적 행위이다. 그래서 인테그리티의 연구는 공동체와 사회에서 올바른 관계와 원칙들이 형성하게 되는 신뢰의 토대가 된다.

그런 면에서 인테그리티는 공동체 내의 정직, 공정성, 연구 지침이나 정책을 준수하는 인격적 힘이라 말할 수 있으며 개인적인 책임과 사회적 헌신으로 연결되는 도덕적 인격의 한 측면이라 말할 수 있다.

2. 인테그리티의 공동체성과 덕

인테그리티의 형식적 정의는 개인적인 측면에서 인테그리티의 개념을 설명한 것이라면 인테그리티가 있는 사람이 공동체와 사회 안에서 인정되고 존경되고 있는바 실질적인 측면에서 개념이 있음을 앞에서 살펴보았다.

인테그리티는 개인적 차원의 형식적 개념뿐만 아니라 사회적 차원으로 바라보았을 때 분명히 그 의미와 개념을 가지고 있기 때문이다. 인테그리티의 개인적·형식적 관계가 타인과의 관계속에서 사회적 덕목이 되는 것이다. 사회에서 인테그리티를 가진 사람이라 말하는 것은 그의 덕을 칭찬하고자 하는 것이며 그 사회의 구성원들이 인테그리티를 가지려 하는 개인들의 상호 관계 속에서 인테그리티 개념이 형성된다. 이렇게 인테그리티를 개인적 차원이 아니라 사회적 차원으로 확장했을 때 책임과 도덕적 정당화의 논제가 이루어진다.

사회적 덕목으로써 인테그리티는 도덕적으로 훌륭한 덕의 모습을 가지고 있다. 이 부분에 공헌을 한 사람은 캐셔 캘혼Cheshire Calhoun이다. 캘혼에 따르면 인테그리티란 기본적으로 사회적 덕목이며 다른 사람들에 대한 개인적 관계에 의해 정의되는 덕으로 타인과 공유하는 숙고적 판단에 의해 정의된다고 보았다.[59]

인테그리티의 사회적 측면은 각각의 개인들이 취할 수 있는 최선의 판단이 일체적 관점에서 파악되어야 한다는 점에서 찾을 수 있다.

인테그리티란 어떤 행위가 가치 있고 의미 있는 것인가는 공동체의 숙고한 과정에서 자신의 역할을 발견하고 그러한 역할에 대해 자신의 관점을 갖는 것을 의미한다. 이러한 과정에서 자신이 내린 판단을 공동체 내에서 옹호해야 할 뿐만 아니라 타인의 결정에 대해 존중해야 한다는 것이다.

인간이 하나님의 자녀로서
자신의 존재 자체인 '정체성'에 뿌리를 두고
본질적 삶을 추구하게 되면,
자연스럽게 그의 내면의 영성은
외부로부터 실천적 삶으로 흘러나온다.

Chapter 6

인테그리티의 가치와 의의

 현 시대에서 인간의 힘은 실재에 응답할 수 있는 능력이며 가치의 원천이 된다고 믿는 시대이다. 하지만 분명한 것은 힘과 도덕적 실재가 하나님께 있으며, 하나님의 주권 안에서 인간에게 명령하신 윤리적 사명은 하나님께서 만드시고 보여주신 인테그리티이다.
 윌리엄 슈바이커는 기독교 윤리적 비전의 중심은 힘이 아니라 삶의 통전성인 인테그리티이며[60] 인간은 삶과 관계에서 정합성인 인테그리티를 추구하는 존재로 윤리학은 '삶의 인테그리티로 정합성 있는 삶에 대하여 정당하고 선한 형태들을 보게 하므로 인간의 윤리적인 노력의 삶을 돕는다.'[61]라고 하였다.

1. 윤리적 분석과 성찰이 목적이다.

하나님께서 인간을 지으실 때는 보시기에 좋았던 완전하고 온전한 인간이라 할 수 있다. 그 모습은 본래적인 인격적 완성의 모습이며 현실을 살아가는 사람들이 향하여 가는 윤리적 인간의 모습이다. 하나님 앞에서 윤리적으로 살아가고자 하는 도덕적 인간은 이 땅에서 본인의 생각과 의지대로 되지 않은 현실에 부딪힌다.

인간은 하나님 앞에서 도덕적인 삶이 요구되는 것과 사회적 현실에서 요구하는 것들이 전혀 다르게 펼쳐짐으로 도덕적인 한계에 부딪히는 자기 모습을 발견한다. 이러한 한계에 부딪히는 인간의 윤리적 성찰은 도덕적인 삶과 현실의 요구가 하나가 되기를 바라고 어떠한 삶의 영역에서 헌신해야 하는지 그리고 무엇을 해야 하는지를 밝혀 준다. 이런 윤리적 성찰은 온전한 인간 삶의 내용인 인테그리티의 사람이 되도록 돕는다.

리처드 니버Helmut Richard Niebuhr에 의하면 '윤리학은 우리로 하여금 우리들 자신이 책임 있는 존재라는 사실이며 이 세계가 인간 공동체의 책임 있는 실존이 실현되는 자리라고 이해할 수 있도록 도와주는 것'이라고 하였다. 아울러 윤리적 분석으로 얻어지는 결과는 온전한 인간의 삶의 내용인 인테그리티를 돕는다고 하였다.

> 도덕적 인간은 자신의 인격적인 자리에서 삶이 언제나 전체적으로 완전하고 정돈된 것이기를 바라고 그렇게 되도록 노력한다. 인간은 항상 선이 무엇인지를 알면서도 그것을 행할 수 없는 사실과 직면한다. …그러므로 이러한 상황 속에서 이루어지는 도덕적 삶에 관한 성찰은 이러한 분열의 통일을 바라고, 가장 우선해야 할 자기 헌신이 어떤 것을 위해 이루어져야 할 것인가 하는 것을 분별하며, 인격적인 인테그리티를 성취하려는 인간들을 도와줄 수 있다. …시종 일관성과 정확성을 유지하려는 몸부림은 개인적이면서 동시에 사회적이다. …온전하기 위한 노력을 하는 것은 자아만이 아니다. 그 자아가 일부가 되는 사회도 여러 방향에서 동시에 헌신이 요청되고, 각기 다른 가치들이 제시되고 있기 때문에 산산이 단편화되어 있다.[62]

니버는 윤리학의 기본적 목적이 인테그리티는 아닐지라도 윤리적 작업, 분석, 성찰들의 결과는 인테그리티를 이루려는 인간의 노력에 도움이 된다고 말한다.

윤리학을 통한 도덕적 삶에 대한 우리의 성찰은 우리가 알고 있는 삶의 규범들과 우리가 사는 사회 속에서 여러 가치관과의 갈등 그리고 우리가 가지고 있는 유일하고 궁극적인 선을 방해하는 상대적인 가치들에 대하여 분석하게 한다. 이러한 가치들에 대한 분석과 성찰은 조각난 파편과 같이 깨어져 있는 사회적 선한 가치들을 일관성 있게 인테그리티의 온전한 삶으로 인도한다.

비록 윤리학이 이 모든 것을 하나님의 뜻으로 통합시켜 완성되도록 해결해 줄 수 있는 것은 아니지만 윤리적 노력은 도덕적 인간이 가야 할 목적과 방향을 보이며 도덕적 실존에 대한 이해를 명확하게 하고 하나님께서 불러주신 소명에 응답하는 책임적 자아 인테그리티의 사람이 되게 한다.

2. 영성과 도덕성 사이의 인테그리티

목회자는 하나님의 부르심을 받아 거룩하신 하나님을 섬김과 동시에 이 땅의 성도들을 섬긴다. 목회 리더십은 세상의 일반 리더십과 다르다. 왜냐하면 그 기원을 하나님께 두고 있고 모든 사역이 하나님으로 말미암는 하나님의 일이기 때문이다. 하나님이 제외된 사역의 성공은 있을 수 없다. 이때 하나님과의 친밀함으로 볼 수 있는 말씀과 기도로 대표되는 하나님과의 관계를 친밀히 유지하는 것을 영성이라고 할 수 있다.

영성과 도덕성에 대하여 김승호는 다음과 같이 말한다.

> 참된 영성은 도덕성으로 표현된다. 도덕성을 담보하지 않은 영성은 무언가 문제 있는 영성이 아닐 수 없다. 성경에 나타난 이스라엘 백성들을 보면 영적 타락은 반드시 도덕적 타락을 결과한다는 사실을 알 수 있다. 하나님과의 관계가 단절되거나 어긋나면 반드시 사람들은 삶의 의미를 잃고 방황하게 되며, 그런 상황은 결국 도덕적 타락을 초래한다.[63]

김승호는 사역을 성공적으로 이끄는 영적 지도자로 여겨졌던 목회자들마저 비도덕적인 타락을 하게 되는 이유에 대해서도 말한다.

> 목회자가 빠지기 쉬운 함정 중 하나는 설교를 하기 위한 수단으로 성경을 대하는 것이다. 아무리 깊이 있는 말씀, 영혼을 울리는 말씀을 뽑아내어 전한다 해도 자신의 설교를 듣고 수많은 영혼들이 회개하고 도전을 받는다 해도 설교자는 영적으로 퇴보할 수 있고 타락할 수 있다. 하나님이 설교자를 사용해서 복음을 전하는 일과 설교자 개인이 하나님과의 깊은 관계로 들어가는 일은 별개일 수 있다는 것이다. 설교자는 자신이 준비한 하나님의 말씀을 설교 준비차원에서 대하고 설교자 자신의 전인격에 스며들게 하는 데는 무관심한 경우가 있을 수 있다. 다른 사람들을 구원에 이르게 하는

일을 감당한 반면, 자신은 구원과는 상관없는 상태에 빠지게 되는 비극을 두려워했던 사도 바울의 염려는 단지 말의 유희가 아니라 실제 발생 가능한 상황임을 인식해야 한다.[64]

하나님의 택함 받은 목회자는 반드시 영성과 도덕성이 결합된 참된 영성의 인테그리티적 사람이어야 한다. 하나님의 사랑과 정신이 우리의 머리와 가슴에 머물고 가슴에서 우리의 손과 발을 통한 삶의 행동들까지 도덕성과 윤리적 삶으로 드러내야 한다.

정신과 삶의 실천까지 생명력 있게 연결하는 것이 인테그리티이다. 머리에서 옳다 여긴 것을 손과 발이 따르지 않으면 정신병자이거나 심각한 장애인인 것처럼 영성 없는 도덕은 있을 수 없으며 도덕과 윤리가 빠진 영성은 참된 영성이 아니기 때문이다. 인테그리티를 통한 삶의 통합은 하나님께 대한 신실한 믿음과 순종을 통하여 가능하다.[65]

목회자의 삶의 기반은 하나님과의 관계적 특성을 가지는데 이런 목회자의 인테그리티 또한 목회자의 신앙적 깊이와 그 관계에 근원을 두고 있다. 하나님 앞에서 삶의 인테그리티를 존중하고 높이는 것은 다른 사람과 세계 그리고 하나님을 향한 적절한 응답을 뜻하며[66] 적절한 응답은 도덕적 책임까지 나아간다. 하나님께서 부르신 소명적 자아로서 영성과 도덕의 인테그리티는 목회 윤리에 있어서 의미가 있다.

3. 믿음과 사회적 책임 사이의 인테그리티

교회는 교회가 세워진 그 본래의 정체성에 따라 교회가 자리 잡은 지역 공동체에 대한 사회적 책임을 지니고 있다. 교회가 가지고 있는 대사회적 책임은 교회의 정체성을 보여주는 '네 이웃 사랑하기를 네 몸과 같이 하라'는 삶의 자세이고 신앙을 가진 교회의 기본적 도리이며 공공영역에서 실천되어야 하는 교회의 사명이다.

목회자는 자신의 행위가 자신의 만족과 유익을 위해 움직여지는 직분이 아니고 다른 사람을 위하여 자기 몸을 아낌없이 버리신 예수 그리스도의 사랑과 섬김의 삶을 목회의 현장에서 구체적으로 반영해야 한다. 그러나 한국교회의 사회적 책임에 대한 이론과 학문적 성과가 이루어져 있다.

'교회가 교회답다'는 말 가운데에는 하나님을 사랑하므로 이웃을 사랑하고 이웃을 사랑하므로 하나님의 사랑이 우리 가운데 있다고 보는 것이 당연하다. 그러나 학문적 노력에도 교회가 본래적 교회의 모습을 갖추지 못했던 것은 믿음 생활과 사회적 책임이 일치하지 못했던 목회자의 인테그리티 문제이다.

교회는 사회의 어려운 이들을 섬기고 봉사하는 단계를 넘어서 사회와 교회의 일원적인 공적 영역에서 믿음과 십자가 사랑이 삶의 실천으로 나타나야 한다. 믿음의 삶이 사회적 책임으로 나타나고 사회적 책임으로써 그 믿음을 증명해야 한다. 인테그리티는 목회자의 믿음과 삶의 일치 그리고 교회 안에서의 신앙생활과 사회적 책임을 일관되게 통합하는 분명한 목회 윤리적 의미가 있다.

인테그리티는 목회윤리를 규범적으로 접근할 때에 간과하기 쉬운 요소이다. 시대에 적합하고 온전한 윤리강령의 여러 세부 사항과 관계없이 의무적이고 규범적인 원칙들의 집합만으로는 도덕적 행위자인 개인에게 윤리 실천의 온전한 힘을 부여할 수 없다. 목회자의 온전한 윤리 실천을 위해서는 행위자 자신의 삶의 모든 영역에 있어서 윤리적 규범에 대한 내적인 헌신과 충실함이 필요하다.

목회자의 인테그리티는 그의 모든 삶에서 하나님과 그분을 섬기라는 부름에 일치하는 윤리적 결정을 내릴 수 있는 근거와 힘을 줄 것이며 목회자를 부르신 하나님의 본래적 뜻과 계획을 성취한 방법이 될 것이다.

4. 영성과 실천적 삶의 일치를 추구한다.

기독교인의 영성은 삼위일체 하나님의 역사를 그대로 경험하기를 추구한다. 영성은 내적인 영혼의 부흥을 위한 기도만도 아니고 실제적 사회 개혁의 변화만을 추구하는 것도 아니다. 이 두 가지가 일관되게 일치하여 조화를 이루는 것이 성숙한 영성적 삶이다. 하나님께 가까이 나아감이 이 땅에서 삶의 헌신으로 실천되어야 하는데 기독교인들의 영적인 열심은 내면적인 영혼의 기도에만 집중하려는 경향이 있다. 그러나 하나님과 일치될수록 그 삶은 실천적으로 드러나야 한다.

유해룡은 '나는 나의 존재 자체가 경이롭고 신비로운 선물이라는 사실을 각성하면서 충만한 존재의 기쁨을 누리게 된다'[67]고 말했다. 이렇게 하나님의 자녀로서 하나님께 자신의 존재 자체에 뿌리를 둔 사람은 그것이 하나님과 본질적인 일치의 삶으로 나타난다. 그 삶의 모습이 하나님 안에서 참 자기의 모습이며 인테그리티를 온전히 이루게 된다.

하나님과의 일치로 나아가는 영성적 신앙의 삶은 인간 자신의 삶과 일관성 있는 일치로 나아가며 자신의 내면과 외면적 활동이 일치하게 된다. 하나님께 깊은 뿌리를 내린 사람은 세상 안에서 세상에 흔들리거나 영향을 받지 않고 하나님이 원하셨던 본래의 삶인 하나님의 부르심과 뜻을 실천적 행동으로 드러낸다.

종교개혁자들도 개인적 관상의 삶 vita contemplativa과 실천적 삶

vita activa을 둘로 나누어 생각하지 않았고 이 세상의 일들을 하나님의 소명으로 말함으로 영적인 차원과 동일하게 생각하였다.[68] 여기에 대해서 헨리 나우웬Henri Nowen도 기도와 행동이 일치되는 삶을 말했다.

> 기도와 행동을 … 절대 상충하는 것이나 상호 배타적인 것으로 보아서는 안 된다. 행동 없는 기도는 무력한 경건주의로 변질하고 기도 없는 행동은 의심스러운 조작으로 전락한다. 기도가 정말 우리를 긍휼에 찬 그리스도와 더 깊은 연합으로 이끌진대 그것은 언제나 구체적 섬김의 행위를 낳게 되어 있다.[69]

하나님과 가장 긴밀한 영성을 가지며 하나이신 하나님 안에 하나로 있는 삶은 특정한 방식과 이유에 얽매이지 않는다. 그리고 자신과 하나님 사이의 차별이 없는 인식 가운데 살아가는 사람은 관상적인 영적 삶과 실천적이고 활동적인 삶이 하나로 일치된 삶을 살아간다.[70] 인간이 하나님의 자녀로서 자신의 존재 자체인 '정체성'에 뿌리를 두고 본질적 삶을 추구하게 되면 자연스럽게 그의 내면의 영성은 외부로부터 실천적 삶으로 흘러나온다.

기도하는 사람의 영성이 깊어지면 깊어질수록 그 사람은 하나님 안에서 하나님의 뜻을 그대로 드러내는 윤리적 실천의 삶을 살게 된다. 이것이 바로 하나님 안에서 자신의 본래적 모습이며 하나님의 사람으로 살아가는 인테그리티의 삶이다.

인테그리티의 영성은 도덕적 행위자의 위치와 맥락에 따라 그 깊이를 더해 간다. 최고의 신비적 영성가의 기도는 실천적 삶으로 흘러나와 기도한 대로 행동하고 행동하는 것에 대해 기도한다. 기도의 영성은 기도한 내용과 기도의 주관자이신 하나님의 뜻에 따라 삶의 현장으로 들어간다. 자기가 처해 있는 삶의 현장 속에서 함께 한 이들을 위한 책임을 인지하며 참여적 행동으로 나아간다.

인테그리티의 사람은
도덕적으로 경건한 확신을 가지고
올바른 방식으로 확신을 시행한다.
인테그리티는 형식과 그의 신념과 헌신의 내용이 중요하다.

Chapter
7

인테그리티를 위협하는 장애물

인간의 성격 특성 중에는 인테그리티와 상반되며 인테그리티를 무너뜨리려고 하는 유혹과 위협들이 있다. 물론 이러한 특성들은 개인의 인격 안에서 인테그리티의 긍정적인 면들과 일대일로 대응된 것은 아니다. 그러나 인테그리티를 망가뜨리려는 방해물들은 도덕적 행위자 인격의 통합성과 자기 온전성으로 인한 윤리적 행위에서 올바른 도덕적 행위를 가능하지 못하게 한다.

여기에서 이러한 장애물에 대한 이론적인 개념보다는 그 특성을 소개하고 어떻게 그 방해물들이 한 개인의 인테그리티를 무너뜨리는지를 분석하고 인테그리티를 어떻게 유지할 수 있는지에 관심을 두고자 한다.

개인의 인테그리티를 유지하는데 있어서 특별히 유의해야 할 위협적인 장애물로는 방종체, 의지박약, 강박관념, 자기기만과 광신주의와 같은 것들이 있다. 이러한 장애물들이 어떻게 인테그리티를 방해하는지 살펴보자.

1. 방종체 wantonness

해리 프랑크푸르트 Harry Frankfurt, 미국의 철학자, 1929년 5월 29일~ 는 인간 내면의 욕구들을 배열하는데 인간의 의지 구조를 설명하기 위해 제시하는 개념은 '일차적 욕구' first-order desire 와 '이차적 욕구' second-order desires 이다. 여기에서 방종체 또는 방탕아 wanton 를 언급한다.

방종체의 기본적 특성은 행위자가 어떤 헌신을 하려 할 때 일반적으로 그의 의지를 심히 불안정하도록 유도하는 것이다. 방종체는 인간과 달리 이차적 욕구를 가지지 않는다. 방종체 wantonness 개념은 행위자가 추리할 수 없거나 그 자신이 하기를 원하는 바를 어떻게 할 것인가에 대해 이성적 작업을 할 수 없음을 함축하지 않는다. 단지 방종체를 다른 여타의 합리적 행위자와 구별하는 것은 자신의 욕구 그 자체가 올바른가에 대한 관심을 전혀 두지 않는다는 것이다.

방종체는 자신의 '의지'가 있는지 어떤 '의지'가 어떤 것이어야 하는지에 관심이 없다. 이 점을 설명하기 위해 프랑크푸르트가 제시하는 두 명의 약물 중독자를 예로 든다.

철수라는 중독자는 자신의 중독 상태를 몹시 싫어한다. 노력해도 번번이 실패하였지만 약물을 먹지 않고 자신의 중독 상태를 해결하기를 결사적으로 버티며 시도하는 비의도적 중독자이다. 이 경우 철수는 약물을 복용하고자 하는 일차적 욕구와 그것을 거부하는 이차적 욕구를 동시에 가진다. 따라서 철수는 프랑크푸르트의 입장에서 말하는 보통 사람의 모습이다.

이와 달리 영수라는 중독자는 자신의 일차적 욕구만을 반영하며 행동한다. 영수는 약물 중독이 자신의 상태에 대하여 별 반응이 없고 그것을 없애려는 욕구도 없다. 아울러 중독을 고치려는 의욕도 없고 그것에 따른 별다른 이차적 욕구도 없다. 이 경우를 '방종체'라고 한다.

방종체인 영수는 약물을 먹으려는 욕망과 약물을 끊으려는 욕망 중에서 어떤 욕망이 자신을 움직이려하든 그렇지않든 신경 쓰지 않는다. '에라 모르겠다. 아무 생각이나 욕망이나 나를 점령해 버려라. 어떤 욕망이든지 상관없다'라는 이런 상태로 보통 인격이라 볼 수 없다.

그렇다고 영수가 일차 욕망에 대해서 중립적인 중도를 갖는다고 말할 수도 없다. 일차적 욕망 중에 어떤 것을 향한 조그마한 의도도 없음으로 이차적 욕구를 가질 수 없는 상태가 된 것이다. 심한 충격과 상처로 삶에 대한 어떤 의욕도 제하여 버리면 인테그리티를 가질 수 없다.

여기서 방종체와 그의 행동을 구별하는 것은 중요한 의미가 있다. 대부분의 사람은 방종적으로 방탕하지 않지만 아마도 어떤 사람들은 여러 종류의 방탕한 행동을 자주 행할 때가 있다. 많은 방탕한 행동은 일차적 욕망에 의해 생겨진 일들이지만 그 일을 만드는 일차적 동기에 대한 관심도 없이 이루어질 때가 있다.

그 사람의 행위를 일으키게 하는 욕구가 있다는 것에 무관심할 때마다 그 사람은 방탕하게 행동한다. 그 사람의 인생에서 어느 정도의 방탕한 행동들은 도덕적인 주체적 삶에 크게 위협이 되지 않는다. 차를 타고 가다가 쓰레기를 버린다든지 남의 컵을 몰래 사용한다든지 하는 것들은 도덕적인 삶의 틀을 망가뜨릴 정도로 삶을 위협하지 않을 수 있다.

그러나 이와는 다르게 도덕적 삶의 주체를 망가뜨리려 사람을 방종체로 만드는 방탕적 행동들도 있다. 방종체가 되는 것은 도덕적 주체를 잃어버리게 하는데 이는 방종체가 행동의 어떤 과정을 추구할지 선택하지 않고 자기 삶의 방향에 동기를 부여하는 욕구들에 전혀 관심이 없게 만들기 때문이다. 삶에서 미약한 정도의 방탕한 행위는 한 개인의 도덕적 주체에 위협이 아니지만 그런 개인의 행동이 더욱 방탕해질수록 그 개인은 점점 더 도덕적 주체가 될 수 없다는 것에 조심해야 한다.

인테그리티의 사람은 도덕적 행위자이어야 하며 그들의 도덕적 헌신의 책임을 감당할 수 있어야 한다. 반면, 방종체는 내면 깊은 곳에 의욕을 형성하지 않기에 외면적인 헌신을 불러 일으키기에는 분열되어 있다. 인테그리티는 자기 방향성을 가지고 있고 방종체의 자기 방향성을 잃어버린 것이다. 방종체는 도덕적 주체와 개인적 삶의 다른 부분들과 통합하게 하는 힘을 훼손하기 때문에 인테그리티를 깨뜨린다.

2. 의지박약 weakness of will

의지박약은 행위자의 의지가 약한 상태는 종종 행위자들이 문제를 해결하고자 하는 실제적 전망과 기대를 하지 못하게 한다. 의지박약은 인테그리티를 의지의 강함으로 표현하는 것에서 인테그리티의 반대 성격을 가지고 있다. 윤리적 논의에서 의지박약의 성격과 범위를 결정하는 것은 도덕 심리학 분야에서 큰 논쟁거리 중 하나이다.

의지박약과 관련된 개념용어로써 헬라어 '아크라시아' akrasia라는 말이 있다. 헬라어 아크라시아는 보통 '요실금'으로 번역되지만 더욱 적절한 번역은 '자기 통제의 부족'이다. 왜냐하면 전자는 일반적으로 특정 신체 기능을 제어할 수 없는 것을 뜻하기 때문이다. 아크라시아는 자신에게 최선의 행동이 무엇인지 알면서 이에 반한 행동을 하는 것이며 최선의 결과를 의도한 행위가 좋지 않은 것으로 끝나게 만든 심적 상태나 그 속성을 뜻한다.

아리스토텔레스는 그의 『니코마코스 윤리학』에서 6권까지 행복과 탁월성인 덕에 관해 이야기를 마친 후, 7권에서 인간이 피해야 할 성품으로 '아크라시아'인 '자제력 없음'에 대해 자세히 다루었다.[71] 그는 아크라시아 akrasia를 두 종류로 구분했다. 아크라시아에는 충동적임 impetuousness과 의지박약 weakness of will으로 나누어 전자는 위에 논의된 방종체와 유사한 것이고, 후자는 '올바른 도덕적 판단을 하지만 그것이 요구하는 것을 할 수 없다'라고 하는 의지 fortitude가 없는 특성으로 설명하였다.

아리스토텔레스는 약한 의지의 사람은 '마땅히 있어야 할 모든 것들을 투표로 가결하고 신실한 법률을 가지고 있지만 전혀 집행하지 않는 폴리스를 닮았다. 폴리스는 법을 바라기는 했지만 그 법을 집행하는 것을 완전히 관심 밖'72이라고 하였고 '의지박약의 사람은 올바른 도덕적 판단 또는 도덕적 지식을 가질 수 있다고 말할 수 있을지 모르나 그들은 그것에 기초하여 행동하지 않는다. 이는 도덕적으로 잘못된 행위로 끝나게 된다'라고 하였다.

리처드 홀튼 Richard Holton은 의지박약에 대해 다음과 같이 설명한다. '의지박약의 중심적인 경우는 사람들이 그들의 더 나은 판단에 반해서 행동하는 경우가 아닌 사람들이 그들의 의도에 따라 행동하기에 실패했을 때 가장 잘 특징 지어진다'73 도덕적으로 잘못된 행위를 하는 사람은 그 행위가 도덕적으로 잘못된 것임을 분명히 알고 있다.

하지만 앞서 설명했던 방해물인 방종체와는 구분되는 특성이 있다. 그것은 악한 행위를 하는 것이 행위자가 원하여 한 것이 아니라는 점이다. 행위자는 악한 행위를 하고 싶은 욕구를 극복하고 다른 행위를 하기를 원한다. 그런데 그 행위를 하는 것이 본인의 이기적인 혹은 본능적인 욕구를 채우는 것일 수 있다.

행위자의 이기적이거나 본능적인 욕구가 상당히 강해서 그 욕구를 누르는 판단이나 다른 욕구 때문에 다스려지지 않는다. 올바른 행위를 하고자 하는 그의 의지가 너무 약해서 오히려 더 강한 반대의 욕구에 의해 잘못된 행위를 하게 된다. 그러한 행위로 인해 그는 잘못된 행위 결과에 대해 죄책감을 느낀다.

이런 경우는 잘못된 행위를 하기 위해 전심적 상태가 된 것이 아니고, 마음이 분열된 것이므로 그 행위자는 도덕적 비난을 면하기 어렵다. 악행의 직접적 의도가 아니어서 비난의 정도가 약할 수 있을지 모르지만 피할 수는 없다.

의지박약한 사람은 더 나은 선택을 할 수 있는 상황에서 자신이 생각하기에 더 나쁜 선택의 행동을 의도적으로 선택하게 된 것이다. 이러한 의지박약의 반대 상태를 '의지의 강함'이라고 할 수 있다. 홀튼에 따르면 강한 의지의 주요 특징은 극복하기로 되어 있던 바로 그 충동들에 직면해서 자신의 결심을 유지하는 능력이다.[74]

만약 의지를 합리적 판단에 반하여서 결정할 수 있는 어떤 힘으로 간주하는 경우 아크라시아는 의지의 결함에 기인한 것이다. 이때 의지의 결함은 도덕적 결함이기도 하다.

의지박약의 사람과 의지박약한 행위들을 구별하는 것이 중요하다. 의지박약한 행위들은 행위자가 어떠한 행위가 올바른 행동이라는 것을 알았지만 그 행위자가 다른 행동 방침을 추구할 때 발생하는 것이다. 인테그리티의 사람은 때때로 의지박약한 행동을 할 수도 있지만 의지박약한 사람일 수는 없다. 왜냐하면 의지박약한 사람은 그들의 도덕적 의무를 이행하지 않기 때문이다.

의지박약한 행동은 사람의 인테그리티를 떨어뜨리고 이런 종류의 행동을 반복할 수도 있는 사람은 인테그리티가 없는 사람이 된다. 인테그리티의 사람은 도덕적 헌신과 그 헌신을 지탱하고 있으며 그 헌신에는 강한 의지를 포함하기 때문이다.

의지박약으로 일어나는 결과에는 여러 형태가 있다. 그러나 그것은 사람의 도덕적 헌신을 약화시킬 수 있다. 도덕적 헌신의 덕은 일반적으로 숙고해야 한다. 그 숙고를 토대로 행동하려는 의도를 형성하고 그 의도를 토대로 행동한다.

의지박약은 다음과 같은 형태를 가진다. (1)도덕적 숙고를 이행할 힘의 부족 (2)숙고를 토대로 의도를 형성할 힘의 부족 (3)의도의 토대 위에 행동하려는 힘의 부족으로 나타난다.[75] 이러한 것들이 사람을 도덕적으로 온전하게 되는 것을 막는다면 이는 도덕적 행위자의 인테그리티를 훼손하는 것이 된다.

3. 강박관념 obsession

사람은 누구나 마음속의 어떤 생각을 떨쳐 버리려 해도 잘 안 될 때가 있다. 이것은 일상적인 일이지만 자신이 가지고 있는 어떤 생각이나 행동에 대해 강박관념을 가질 수가 있다. 강박관념이 아주 편협하고 합리적이지 않은 어떤 일에 집중하느라 다른 모든 것을 후 순위로 놓게 한다면 그것은 도덕적 행위자의 인테그리티를 무너뜨리는 것이다. 인테그리티를 가지지 못함으로 분별력 있고, 현명하며, 도덕적이고, 윤리적인 결정을 하는 것을 불가능하게 한다.

강박관념이란 의지와 무관하게 원하지 않음에도 불구하고 자신의 의식에 침투하여 부적절하게 경험되어지며 심각하게 고민이나 방해를 일으키는 부적절한 생각과 행동을 반복하게 하는 생각과 충동, 이미지를 말한다.[76] 이러한 생각은 행위자의 내면에서 생성되어서 바로 고통당하는 사람에게 인식된다.

강박관념은 본래 직면한 문제에 대하여 그 염려와 두려움이 과장되어 나타날 뿐 아니라, 이런 생각들이 부적절한 것이라고 인식하고 있음에도 잘 통제되지 않고 반복적으로 떠올라 고통스럽게 한다. 이런 생각을 없애거나 줄이기 위해서 후속적으로 노력하는 행동을 하게 되는데 이러한 행동들을 강박 행동인 충동 compulsion 이라 한다.

강박 행동은 강박적 사고로 인해 발생하는 불안과 고통을 피하거나 감소시키려고 경험했던 두려움을 완화하기 위해 일련의 의도적이며 반복적인 행동으로 정의할 수 있다.[77] 이러한 행동은 강박관념을 만들어내는 것과 같은 두려움에 의해 촉발된다. 만일 충동적인 사람이 그러한 두려움을 막기 위해 행동하는 것을 실패하면 불안이 증가하고 안 좋은 생각은 지속된다.

예를 들면 생활하다가 어떤 더러운 물건이 손에 접촉되었을 때 그에게 '치명적인 세균이 나에게 전염되었을 것'이라는 생각이 듦과 동시에 자신이 더러워졌다고 생각하고 손을 씻는 행동을 반복할 수 있다는 것이다. 이러한 강박관념과 강박 행동은 현실의 갈등 및 미래에 대한 불안 그리고 감당하기 어려운 두려움과 욕망을 수용할 수 있는 생각이나 행동으로 바꾸려는 노력이다.

이러한 생각과 노력은 불확실성에 대한 인내력이 부족할 때, 완벽주의적 성취를 추구할 때, 어떠한 생각에 사로잡혀 있을 때, 적대감정을 은폐하려 할 때, 모든 사람이 어느 정도는 가지고 있는 내면적인 욕구와 정신적인 경향을 말한다.[78] 다만 정도의 차이에서 정상과 강박 장애 disorder로 나누어진다.

강박적 성향이 사회에서 용인되는 정상적인 범주에서는 매사에

단정하고, 청결하고, 탐구적이고, 학구적이고, 끈기가 있는 것으로 인정과 칭찬을 듣고 노력의 집중도에 따라 예술과 과학적 분야에서 뛰어난 성취를 이룰 수도 있다.

이처럼 강박관념이 장점이 될 수도 있다. 그러나 보통 사람들이면 절대 할 수 없는 기회와 상황으로 강박적인 태도를 보인 이들은 별로 크지 않은 노력에도 불구하고 아주 강하게 추진되어서 어떤 목적을 쉽게 성취할 수도 있기 때문이다.

우리가 가지고 있는 어떤 강박 관념이나 생각이 오래가지 않고 우리의 행위 결정의 기능에 부당하게 간섭하지 않는다면 걱정할 것이 없을 것이다. 그리고 일반적으로 행위자가 그러한 성향을 다른 관점과 생각으로 전환하며 그런 영향을 최소화하면서 통제할 수 있다면 그러한 강박 관념이 자신을 끌고 다니지 못하게 하면 된다. 그러나 강박 관념은 언제든지 그들을 위협하며 어디에나 따라다니는 자기 의심을 완화하려고 그 충동에 따라 인지적 결정을 내린다는 것이다.

강박 관념이 지속되면 더 의식적으로 자신의 생각을 통제할 수 없게 만들고 그들에게 맡겨진 일들을 충분한 도덕적 숙고없이 자기 욕망에 이끌려 결정하고 만다. 미래에 대한 불안이 걱정으로 이어지게 되는데 현재의 문제에 집중하지 못하게 만들며 이는 다시 생각에 대한 억제 능력이 없어지며 인지 왜곡을 경험하게 된다.

맹목적인 야망을 품고 있는 사람들은 자신이 추구하고 있는 이기적이고 매혹적인 목표만 눈에 보이게 되며 그 일의 최선의 선택은 생각하지 못하고 안 좋은 자신의 목표에만 고정된 인지능력이 제 기능을 하지 못한다.

자신의 개인적인 어려움을 무시한 채 계속 고정된 정상을 향한 목표로 자신을 몰아붙이고자 하는 사람들은 종종 중대한 위기와 긴박한 위험의 징후도 무시하도록 '프로그램화'되어 간다.[79] 이러한 생각들이 강박관념으로 발전하게 되며 그러한 생각들은 자기 자신에 대한 평가와 밀접한 관련이 있다. 결국 양극단으로 분리된 자기 구조를 지니고 있다는 것이며[80] 정상적인 사람들보다 자기 양가감 self ambivalence이나 이분법적 사고가 높게 나타난다.[81] 자기에 대한 두 가지 대립적인 표상이 유지되기 때문에 자기에 대한 묘사와 평가는 극에서 극으로 움직이며 모순적인 것으로 나타나는 것이다. 이렇게 하여 행위자는 '내면적 혼란'inner chaos[82]에 빠지게 되고 더 이상 인테그리티를 유지하지 못하게 된다.

자신의 생각을 좁게 만든 하나의 선입관은 자신들을 자기의 방어선에 가두고 완전히 자기에게 흡수시킨다 따라서 개인적으로 무책임한 상태가 된 것이다. 자기 인식과 합리적 숙고의 과정을 가질 수 없게 만드는 것이다. 강박관념은 완벽주의자들의 한 종류로 인테그리티의 치명적인 위협이 된다.

4. 자기기만 self-deception

자기기만은 종종 행위자가 그들의 도덕적 의무를 모르는 상태로 만든다. 자기기만은 평범한 일처럼 보이지만 쉽게 식별할 수 있다. 예를 들어 상대 배우자가 불륜을 저지른 확실한 증거가 있음에도 상대 배우자의 불륜을 믿지 않으려는 경우이다. 또한 자녀가 마약을 한다는 강력한 증거가 있음에도 자신의 아이는 마약을 하지 않는다고 믿는 부모의 경우가 있다. 이렇듯 자기기만은 자신에게 있는 도덕적 기준안에서 쉽게 식별할 수 있음에도 불구하고 그 본성을 설명하는 것은 어렵다. 자기기만이 있다는 것을 확인하는 것은 마치 역설을 만드는 것과 비슷하다.

사르트르는 그의 책 『존재와 무』에서 자기기만과 거짓말에 대해 말했다.[83] 사람들이 자기 자신에게 거짓말을 하는 것을 다른 사람에게 거짓말하는 것과 마찬가지로 자연스럽게 생각한다. 하지만 자기기만은 겉보기에는 거짓말의 구조를 가지고 있다. 그 둘은 전혀 다른 종류의 일이다. 사람이 자신에게 거짓말하는 것을 다른 사람들에게 거짓말하는 것과 같은 개념 구조를 갖는 것으로 이해해서는 안 된다. 행위자는 다른 사람에게 거짓말을 하면 그 행위자는 다른 사람에게 그 거짓말을 진실인 것처럼 확신시키려 한다.

행위자는 그것이 거짓인 것을 알고 있다. 다만 행위자는 그 자신에게 진실을 감추는 것 뿐이다. 속이는 자와 속는 자의 이중성이 여기서는 없다. 본래 그 본질 안에 하나의 의식적 통일성을 가지고 있어야 하는데 자기기만은 그런 것과 그렇지 않은 것의 '공재'共在에 의해서 조건 지어질 수 없는 것으로 역설이 일어난다. 다른 사람들에게 거짓말하는 데 필요한 조건을 자기기만에 적용할 때 이것은 역설적으로 자기 자신에게 그런 것과 그렇지 않은 것을 동시에 믿게 하려는 것이다.

일반적 기만과 자기기만은 거짓으로 무엇인가를 믿게 한다는 점에서 비슷하지만 자기기만은 자신의 신실성과 함께 다른 동기를 근거로 한다는 것이 다르다. 자기에게 거짓을 시도하는 것은 기본적 인테그리티의 문제이기도 하고 다른 한편으로는 다른 동기부여와 어떤 감정이나 욕망 때문에 그것을 참이라고 믿게 된 것이다.

예를 들어 영화 '친절한 금자씨'에서 금자씨는 남편 철수가 범죄 혐의에 있어 결백하다고 믿는 것에 자기기만 하는 경우를 생각해 보라. 철수는 유죄다. 심지어 그가 죄를 지었다는 고백을 들었기에 금자는 철수가 유죄라고 믿을 수 밖에 없는 강력한 이유가 있음에도 철수를 너무 사랑하기 때문에 그가 감옥으로 멀리 떠나는 것을 원치 않았다. 그가 죄인이라는 사실을 거부하는 것이다. 행위자의 자기기만은 자신의 도덕적 의도와 헌신적 삶에 있어서 그러한 헌신들을 통합할 수 없게 만들기 때문에 개인의 인테그리티를 망가뜨린다.

5. 광신주의 fanaticism

광신주의는 종종 행위자가 합리적인 비판에 대응하지 못하게 하는 구체화하고 굽히지 않는 신념을 만들게 한다. 광신자들은 어떤 증거나 결과물 없이 자신의 열심과 열정으로 자신들의 원칙들을 기획 및 헌신에 전적으로 몰두한다.

광신주의는 인테그리티의 특징과 가장 많이 유사하다. 광신주의는 자기 자신의 신념에 관한 강직함을 포함한다. 광신주의는 단호한 행동인 의지적 힘의 한 형태이다. 광신자는 인테그리티를 위해 필요한 용기의 덕에 동반하는 이성적이고 논리적인 분별력은 지니지 않으면서 자신의 신념에 무모한 용기를 갖게 한다.

광신자들은 의지의 힘을 가지고 있지만 그는 도덕적으로 옳고 그름에 대한 판가름에 의문을 갖기를 거부하거나 질문하지 않는다. 광신자들은 충성심을 나타낼 수 있지만 사람들이 부당한 원칙과 기획하고 집단 및 사람들에게 충성하기 때문에 도덕적 덕이 아니다.

그들의 충성도는 감탄할 만한 특징일 수 있고 그 자신만의 도덕적 중요성을 갖는다. 그러나 그들의 충성도는 도덕적인 민감성에서는 경직되어 있다. 이는 외부적으로 그들의 헌신에 대한 명확한 의미가 없다는 것에 대해 편견을 갖게 한다.

어떤 사람은 인테그리티를 가질 수 있는 광신자 부류가 있다는 것에 반대할 수 있다. 도덕적 광신자들은 강한 도덕적 신념과 헌신을 지닌 도덕주의자이다. 대개 큰 소리로 그들의 입장을 대변한다. 도덕적인 광신자는 도덕적 헌신을 하고 그들의 헌신을 지지하기 때문에 이런 반대가 생긴다. 확실히 도덕적 광신자는 인테그리티를 가지고 있다. 나는 도덕적 광신자들이 도덕적인 헌신과 그들의 헌신을 지키고 있음을 인정한다. 그러나 그들은 도덕적 헌신의 덕을 가지지 않으면서 헌신을 지지하기 때문에 인테그리티를 가지지 않은 것이다.

도덕적 헌신의 덕은 광신자에게는 없는 자신의 오류 가능성에 대한 열린 마음과 인식이 필요하다. 도덕적 헌신의 덕은 자부심과 허영심 또는 편견으로 왜곡되지 않는 분명한 도덕적 반성이 필요하다. 그것은 자기 추구와 자기 위탁적 왜곡에 의해 이끌리지 않는 도덕적 관심이 필요하다.

도덕적 헌신의 덕은 도덕적 숙고를 시행하려 할 때 다소 열린 마음이 필요하다. 도덕적으로 너무 많이 진지해지면 위험하고 압제적이고 도덕적인 광신주의의 일방적인 엄숙함을 초래한다. 이처럼 광신자에게는 인테그리티가 부족하다.

인테그리티는 실질적인 요구 사항이 있다. 인테그리티의 사람들은 도덕적으로 경건한 헌신을 한다. 그러나 도덕적으로 경건한 헌신을 갖는 것만으로는 인테그리티에 충분하지 않다. 뿐만 아니라 헌신의 내용을 올바르게 갖는 것으로도 인테그리티를 갖는 것에는 충분하지 않다. 인테그리티의 사람은 도덕적으로 경건한 확신을 가지고 올바른 방식으로 확신을 시행한다. 인테그리티는 형식과 그의 신념과 헌신의 내용이 중요하다.

인테그리티를 가진 사람들은 내재적이면서도 외부형식적인 헌신을 하고 있으며 위에 설명한 광신주의와는 구별된다. 인테그리티를 가진 사람의 헌신은 완전히 통합되어 온전히 개념화되도록 내적 헌신과 외향적 헌신이 구별되어 있으며 하나로 연결되어 있다.

▷ 쉬어가며 생각하는 이야기 2 ◁

어느 목회자의 고민과 참회

다음은 하나님 나라 확장의 최근 소식만을 전하는 '헤븐 타임즈'Heaven times 기사 보도입니다.

첫번째 소식입니다. 최근 큰 교회를 만들기 위해 범행을 계획했다는 어느 목사가 교회의 부흥을 위해 죄를 지을 수 밖에 없었다는 사건으로 인해 천국에서 파란이 일어났습니다. 사탄 진영에서는 "이번 사태에 대하여 전적인 책임을 지고 예수님은 교회의 머리를 비롯한 일체의 공직에서 즉각 사퇴하여야 하며 베드로를 비롯한 열두 사도 또한 모든 공직에서 물러나야 한다"라고 강경한 어조의 비난 성명을 발표했습니다.

한편 이번 사태에 대하여 대책을 숙의한 가브리엘을 비롯한 '관계기관 대책회의'의 참가자들은 별다른 묘책을 찾지 못한 채 사태의 확산 방지 및 조기 수습을 위해 최선의 노력을 기울인다는 원칙론에만 합의한 것으로 전해졌습니다. 갈수록 흥미를 더해 가는 이번 사건의 계속되는 악재로 인하여 예수님의 입장이 더욱 곤혹스러워지고 있는 것으로 알려졌습니다. 여기까지 어제 죽다 살아나 천국에 잠깐 들러 본 천국인 기자였습니다.

두번째 소식입니다. 지금 이곳에서는 어느 목사의 충격적인 양심선언이 발표되었습니다.

"저는 크리스천이었고 목사였습니다. 그러나 저는 예수님의 제자가 아닙니다. 저는 사탄에게 사주 받았고, 사탄으로부터 엄청난 비자금을 받았으며, 사탄의 지시를 그대로 따랐습니다. 다시 한번 말씀드립니다. 저는 예수님과 무관합니다. 그 외의 것은 잘 기억이 나지 않습니다. 나는 예수님을 그리스도로 고백하지 않습니다. 나는 예수님과 무관합니다. 제가 한 것은 모두 사탄의 지시로 한국교회를 파괴하려는 공작이었습니다. 그것 말고는 잘 모르겠습니다. 염려와 피해를 드린 것 죄송합니다"

　기자회견장에서의 이 놀라운 양심선언은 참 경악스러웠습니다. 사탄 진영에서는 이를 강력히 부인하고 있고, 천국에서는 해결 방법을 고민함과 동시에 해당 목사를 위한 기도에 들어갔으며 예수님께서는 해당 목사를 향한 치유 일정을 잡고 있다고 합니다.

　양심선언장을 떠나면서 이 목사는 기자에게 예수님께 전해 달라고 마지막 한 마디를 했다고 합니다. "예수님, 저의 행동은 예수님과 관련이 없습니다. 죄송합니다. 이제 죄된 우리로부터 아주 홀가분하게 떠나십시오"라고 고백했다고 전했습니다.

　그 와중에 나착각 목사는 자기는 그리스도의 제자라고 주장하며 여전히 예수님을 배반하는 행동을 하고 있다고 합니다.

　여전히 기다리시는 주님의 사랑이 더 크게 느껴지는 때입니다. 조용히 하나님의 큰 사랑이 이 땅 가운데 불꽃처럼 피어나길 하나님께 기도하는 천국에서 온 이땅 기자 였습니다.[1]

---

(1) 이 이야기는 고진하 목사의 "떠나시는 하나님"에서 인용했으며, 약간의 각색을 하였다.

영적으로 성숙해지는 것은
우리가 자신을 잃어버리는 것이나
자아에 대한 인식이 점점 없어지는 것이 아니라
더욱 선명하게 자기 존재를 알게 되는 것이다.

Chapter

8

인테그리티와 영성

1. 인테그리티 중심의 도덕적 숙고와 영성

기독교 영성 신학은 하나님과 친밀한 관계를 추구하며 예수 그리스도를 믿는 신앙의 활동들 중 이론 신학적 작업과 신앙의 실천적 삶을 연결하고 통합하는 주제가 된다. 그리고 영성의 궁극적인 목표는 기독교 삶의 영적 완성으로 예수 그리스도이며 영성 훈련과 영적 성숙은 성령의 역사로 그리스도를 닮아가는 복음적 삶에 초점을 맞추게 된다.

하나님께서 만드시고 사랑하시는 인간 본래의 온전성wholeness과 완전성completeness을 지닌 인테그리티의 사람으로 회복하는 것이 하나님께서 인간을 향한 창조목적이라 할 수 있다. 하나님의 인테그리티를 향해가는 인테그리티의 사람은 하나님과 친밀해지는 영성적 사람이며 영적 성숙에 힘쓰는 사람이다.

윤리적 삶과 도덕적 행동 결정의 숙고 과정은 목회자에게 영성적 과정이며 그 자체로 깊은 영성에 바탕을 둔다. 윤리적 작업과 도덕적 숙고는 다가오는 여러 사건과 사태의 자극에 대하여 어떤 반응적 응답 사이에 하나님과 자아의 자리를 마련하고 자아의 움직임을 있는 그대로 바라볼 수 있는 자아인식이 필수적이다. 기독교인에게 자아인식은 하나님에 대한 지식과 관련이 있다.[84] 여기에서 리처드 니버는 윤리학과 자아인식에 대하여 이렇게 말한다.

> 윤리학은 신에 관한 우리의 지식과 관련되어 있는 우리 자신에 대한 지식이다. 그리고 자아인식은 한가한 세월 속에서 자신을 갈고닦아 나아가기 위한 사치가 아니라 책임적인 삶을 위하여 필수적이고 본질적인 것이다. 그렇다고 해서 자아인식과 책임적인 삶과의 관계가 마치 우리가 우리 자신들에 관한 선언에서부터 우리

가 언제나 무엇을 해야 할 것인가 하는데에 대한 후속선언을 추출해 낼 수 있는 것임을 뜻하는 것은 아니다. … 자아인식은 보다 복합적이고 포착하기 어려운 방법으로 우리의 도덕적인 삶에 영향을 미치고 있기 때문이다.[85]

자아인식은 윤리적 작업과 도덕적인 삶에 필수적인 부분이다. 도덕적 행위 결정을 위한 욕구와 의도 그리고 일차적 욕구들과 존재 이유가 되는 근본 기획들은 모두 도덕적 행위자의 자아를 인식하고 행위자의 영과 마음의 상태를 반영하는 것들이다. 행위자의 행동을 결정하는 욕구와 의지가 그 속에서 발생하는 다른 욕심과 유혹 사이에서의 갈등에 대해 행위자가 이 모든 것을 바르게 인식하고 파악하는 자아인식의 영성이 필요하게 된다.

삶의 여러 갈등은 도덕적 행위자의 정체성을 부여하는 원칙들, 가치들, 의도와 의지 그리고 실천적 행동과 헌신들에서 일어난다. 더욱이 이 모든 것들의 욕구, 헌신, 가치들 같은 것은 모두 유동적이다. 이 모든 것 가운데 존재의 층위들과 욕구 동기와 의도, 의지 행동에 이르기까지 인테그리티를 유지하려는 과정에서 가장 필요한 것은 자신이 어떤 입장에 있고 무슨 의도를 가졌는지를 있는 그대로 파악할 수 있는 자기 인식이다.

자기 인식은 한 개인의 행동 결정과 자신의 욕구를 파악하고 이해하게 한다. 만일 한 사람이 그것들을 의도한다면 그 가치들이 무엇인지 알아야 하는 것에서 자기 인식은 중요하다. 자기 인식을 가능하게 하는 것은 영성적 활동이라 할 수 있다. 하나님이 보여 주시는 만큼 하나님과 가까운 만큼 하나님의 관점으로 나 자신을 바로 보게 되는 것이다. 그러므로 하나님과의 친밀한 관계를 뜻하는 영성은 내면적이고 신적인 삶으로써 기도와 관상을 통해, 외면적으로는 사랑과 섬김의 실행을 통해 하나님께 나아가는 것이다.

2. 영적 성숙과 자기 인식

하나님께 부름 받은 목회자는 영적 성숙을 통해 그리스도인들이 자기 책임적이고 자기 결정의 주체이며 독특한 신앙 주체로써 개인을 발견해 갈 수 있도록 도울 수 있다.

기독교 신앙은 하나님이 우리 안에 임재하다는 것을 믿으며 우리가 우리 자신의 내면에 있는 하나님의 음성에 민감하게 귀를 기울일 때 우리는 영적 자유와 더불어 우리 안에 계시는 하나님을 더 깊이 알게 된다.

영적으로 성숙해지는 것은 우리가 자신을 잃어버리는 것이나 자아에 대한 인식이 점점 없어지는 것이 아니라 더욱 선명하게 자기 존재를 알게 되는 것이다. 영성의 성숙은 하나님과의 관계 친밀함에 따라 그 성숙의 특징들이 나타난다.

특별히 자아인식과 관련하여 자기를 발견하고 인식하는 단계는 발달적 관점에서 제임스 파울러James Fowler, Stages of Faith의 신앙발달 이론의 4단계에 해당하는 '개별적-반성적 신앙'과 로렌스 콜버그Lawerence kohberg의 도덕적 발달단계에서 말하는 '인습적 단계'와 '후인습적 단계' 사이로 보고 있다.

자기 인식self-aware적 변화의 시기를 보여주는 후인습적post conventionality 단계라는 용어는 콜버그에 의해 처음 사용되었다.[86] 콜버그의 도덕적 발달단계 이론은 크게 전인습적preconventional, 인습적conventional, 후인습적post conventional의 세 가지 수준으로 구분되어 있다. 여기서 후인습적 수준은 제5단계인 사회-계약적 성향과 6단계 보편-윤리적 원칙의 성향으로 구성되어 있다.

콜버그의 '후인습성'은 자율성과 상호성을 이해해야 한다. 자율성autonomy은 자아가 인습적 단계에서 후인습적 단계로 전환되는 동안 외부적인 통제에서 벗어나 자율적인 도덕원칙을 획득하게 되는 것을 말한다.

상호성reciprocity은 외부적인 특정집단의 권위와 힘에 의해서가 아니라 상호적 합의 원칙에 의해 형성되는 정의의 개념이다. 따라서 후인습적 자아는 자율적, 도덕적 원칙을 지닌 형태를 말하며 권위를 지닌 특정 집단이나 개인들의 통제에서 벗어나 개인적이면서 자율적인 도덕적 타당성과 그 적용을 내포하는 원칙을 지니는 것을 의미한다.[87] 이 단계를 제임스 파울러의 신앙발달과 도덕형성체계로 말하면 4단계 개별적 성찰적 신앙단계이다.

이 시기는 그들의 참여, 생활, 신념과 태도에 대하여 신중한 책임감을 느끼는 시기이다. 자기의 자아와 세계관을 타인의 것들과 구별하고 비교하며 이전에 중요한 인물들에 근거하여 정체성과 신앙을 유지했던 자아가 이제 다른 사람들에 대한 자신의 역할이나 의미의 구성 때문에 정의되지 않는다. 상징적인 언어나 개념들을 해석하는데 비신화적인 태도를 취하는 단계이다. 따라서 이 단계에서 판단과 행위에 영향을 미치는 무의식적 요소들에는 별 관심을 보이지 않는다.

피아제의 인지발달이론에 따르면 이 시기는 형식적 조작기에 해당하는데 자아, 이상, 전망 등에 관해 지적으로 반성하는 특징을 지니고 있다. 주관과 객관적 실재 사이의 관계 속에서 개인의 신앙을 유지하려 한다. 외적인 표현보다 내면을 추구하고 자신의 세계관을 표현하는 데 있어서 추상적 개념을 사용한다.[88]

인간의 영적 성숙 단계에서 반드시 자기 인식을 통해서 자기를 반추하는 능력이 생성된다는 것이다. 이 단계의 개인은 드러나지 않게 관습과 개인이 속한 그룹에 작용하는 무언의 가치체계를 비판적으로 바라볼 수 있게 한다.

이러한 단계에 이르러 자기 이해, 자기 인식이 가능해질 때 비로소 영적 성숙의 여정이 시작되는 것이다. 그 단계가 되면 인간은 자기 책임, 자기 결정의 주체로써 진정성을 추구하면서 성숙을 향해 갈 수 있기 때문이다.

영적 성숙은 먼저는 주체에 대한 인식이 명확해지는 것이며 그 주체가 진정성 있는 자기 초월을 계속해 나아가면서 하나님과 이웃과의 친밀함으로 확장되어 가는 과정임을 확인할 수 있다. 영적 성숙과 영성의 궁극적 목표인 하나님과 이웃에게로 자신의 관심과 희생적 결단을 확장해 나아가는 것은 먼저 개인이 자기 책임과 자기 결정에 대한 주체가 될 때 가능하게 되는 것이다.

목회자는 하나님과의 친밀감에 이르는 영성 훈련 시간을 갖게 되므로 영적 성숙의 결정적 전환과 자아를 살피고 인식하며 책임 있는 도덕 결정 행위자로서 자기 내면의 인테그리티를 지켜가는 것이다. 이제 도덕적 행위자의 도덕적 삶의 주체인 자아를 발견하고 자아인식을 통해 자신의 도덕적 자리와 의미를 살펴 보고자 한다.

3. 칼 융(Carl G. Jung)의 분석심리학적 자기 인식

1) 인테그리티의 자기실현

칼 융(Carl G. Jung)은 인간의 본질을 정신의 전체성(wholeness) 혹은 전일성에 있다고 보았다. 그에 의하면 인간의 정신은 본래부터 하나의 전체로써 미분화된 전체성의 상태로 태어나 개성화(individualization)라는 자아인식의 과정을 거치며 정신이 분화되어 가고 결국 균형 잡히고 통일된 인격으로 통합되어 간다.[89] 융의 자아 인식은 인간 정신의 전체성을 실현하는 것으로 이는 인테그리티의 완성을 의미한다고 할 수 있다.

우리가 현상적으로 '나'라고 하면 의식 세계의 '자아'(ego)를 가리킨다. 우리가 지각하고 있는 의식 세계와 그 중심에 있는 자아는 인간 정신의 한 부분일 뿐이다. 의식의 밑에는 자아가 알지 못하는 영속적이고 무한한 영역의 무의식 세계가 존재한다. 이에 반하여 의식의 영역은 순간적이고 제한적이다.[90]

인간 정신은 의식과 무의식을 통틀어 전체로써의 하나임을 융은 강조한다. 그는 정신의 전체성을 '자기'(the self)의 개념으로 파악한다. '자아'가 경험적인 '일상의 나'라면 '자기'는 '본래적 나'로서 선험적이다. 자기는 의식 초월적 존재로 무의식의 중심에 위치하여 의식으로는 인식되지 못하나 우리의 내부에서 주체로써 자율성을 가지고 스스로 작용을 한다. 자기는 의식과 무의식을 아우르는 인간 정신 전체의 중심이라고 할 수 있다. 융에게 있어서 '진정한 자기 자신이 됨'의 의미는 정신의 '전체성'을 실현하는 것이다.[91]

자아는 자신에 대하여 부분적으로만 알고 있다. '본연의 내'가 되기 위해서는 의식의 좁은 한계를 벗어나 내 안의 무의식적 요소를 깨달아 가는 과정이 필요하다. 개인이 부분적 자아의 인식에서 벗어나 무의식을 의식화함으로 '자기'에 도달할 때 정신의 전체를 인식하게 된다. 이처럼 무의식과 의식을 통합함으로 전체로써 자기가 되는 것, 이것이 전체성의 실현이며 곧 융이 말하는 '자기실현'이고 이 과정을 '개성화'individualization라고 규정한다. 진정한 의미에서 자신의 개성을 발휘한다는 의미이다.[92] 이 개성화를 통해 모든 정신이 소외됨 없이 발휘되고 통합돼 전체로 사는 삶을 사는 것이 진정한 의미로써의 정신 건강과 성숙이며 인테그리티의 모습이다.

2) 중요 개념들
다음은 개성화를 지향하는 자아인식의 과정을 이해하기 위해 중요한 융의 개념들이다.

칼 구스타프 융

Carl Gustav Jung [ˈkarl ˈɡʊstaf ˈjʊŋ], 1875년 7월 26일-1961년 6월 6일

그는 스위스의 정신의학자로 분석심리학의 개척자이다. 목사의 아들로 태어나 가문의 전통을 이어받지 않고 바젤 대학교와 취리히 대학교에서 의학을 공부하여 정신과 의사가 되었다. 부르크휠츨리 정신병원에서 일하면서 병원장이었던 유진 블로일러Eugen Bleuler의 연구를 응용해 심리학 연구를 시작하였으며 이전 연구자들이 시작한 연상 검사를 응용하면서 자극어에 대한 단어연상을 연구하였다. 이 연상은 성적인 내용을 담고 있는 경우가 많아서 당시 학계에서 자주 금기 시 되었다. 그는 특정한 상태를 설명하기 위해 지금은 유명해진 '콤플렉스'라는 단어를 사용해 이에 관련된 학설의 기초를 마련하였다. 또한 지그문트 프로이트와 함께 정신분석학 연구를 하기도 했지만 프로이트의 성욕중심설과 알프레트 아들러의 사회심리학의 중요성을 인식하고 1913년을 전후해서 독자적으로 이들의 양립에 관한 연구로 분석심리학설을 작업하기 시작했다.

그는 인간의 내면에는 의식과 무의식의 층들이 있다고 생각하였지만 한걸음 더 나아가 특히 개체로 하여금 내면의 무의식들이 통일된 전체를 실현하게 하는 자기원형이 초월적 기능transcendental function이 있음을 주장했다. 그는 자신의 경험으로부터 심리치료법을 개발하여 이론화하였고 심리치료를 받는 사람들에게 '개체화'individuation, 또는 자기실현라고 하는 자신의 신화를 추구하는 과정을 통해 좀더 유연하고 온전한 인격체로 나아갈 수 있다고 생각하였다.

그는 1914년 사임하기까지 국제정신분석학회 회장을 역임한바있으며 취리히 연방 공과대학교ETH Zürich의 심리학 교수, 바젤 대학교의 의학심리학 교수로 재직하였고 85세의 나이로 세상을 떠났다. 융의 묘비명에는 "부르든 부르지 않든, 신은 존재할 것이다."고 적혀 있다. 그는 신에 대해서 그의 생각을 "나는 그분을 믿는 게 아니라, 그분을 압니다."라고 방송사와의 인터뷰에서 언급한 바 있다.

_ 출처: 위키백과

a. 무의식

융은 무의식을 개인적 무의식과 집단 무의식으로 구분하였다. 개인적 무의식은 억압되거나 잊혀진 개인적 체험들로 이루어져 있다. 그의 독창적 개념인 '집단 무의식'은 인간 누구에게서나 발견되는 보편적 내용으로 선험적이며 근원적인 유형에 의해 구성된다.

근원적 유형은 '원형'이라고 불리며 인간의 원초적 행동 유형이고 원초적 이미지이며 조건이다. 그것은 무의식의 내용이라기보다는 그 자체로 비어 있는 형태적 요소이고 여러 관념을 만들 수 있는 가능성이라고 할 수 있다. 이는 의식화시킬 수 있는 것이 아니며 꿈, 신화, 이야기, 예술 등의 '상징'을 통해서만 외적으로 표현된다. 이 무의식의 원형들은 근원적으로 전체가 되고자 하는 지향성을 가지고 있어 무의식적 내용을 의식화하도록 촉구하는 기능을 한다.

특히 자기 원형은 인간이 자기 자신을 완전히 실현할 수 있는 가능성으로 누구나 '자기' 안에 원초적으로 이 능력을 갖추고 있다. 자기 원형은 보상 기능을 통해 의식의 일방성으로 인한 무의식과 의식이 대극 지양한다. 그리고 원형의 초월 기능으로 의식과 무의식의 대극의 합일을 도모하여 정신의 전체성을 이루게 한다.[93]

b. 외적 인격과 내적 인격

융은 우리의 외적 세계에 드러나는 인격을 '페르소나'라고 하였다. '자아에 덮인 얼굴'이라고 할 수 있다. 이것은 사회적 관계성 속에서 집단에 잘 적응하기 위해 타협으로 생겨난 집단정신의 한 단면이다. 우리는 성장하면서 사회적 관습, 역할, 직위, 직업 등에 적응하기 위해 이 외면적 성격을 형성한다. 그러나 페르소나의 원어적 의미가 그러하듯이 하나의 '가면'으로 참다운 개성이 아니라 '가상'임을 알아야 한다. 이 페르소나 뒤의 내면에 진정한 자신의 세계가 있음을 인식하는 것이 자아인식의 첫걸음이다.[94]

그리고 의식의 외적 인격인 페르소나에 대응하여 내적 세계에서는 무의식의 내적 인격이 존재한다. 융은 이를 '심혼'이라고 불렀다. 외적 인격으로서 남성의 무의식에는 '아니마'라는 여성적 요소들이, 여성에게는 '아니무스'라는 남성적 요소들이 내적 인격으로 특성 지어진다.[95]

c. 그림자

그림자는 의식의 바로 뒷면에 인접해 있는 무의식적 측면이다. 그것은 '나'의 어두운 면으로 의식화 될 기회를 얻지 못하고 무의식 속에 갇혀 미분화된 채로 남아 있는 열등한 측면의 인격이라고 할 수 있다. 개인의 죄나 사회의 악에 대한 모습으로 드러난다.

자아 의식의 빛이 강할수록 그림자는 더욱더 어둡기 마련이다. 자신의 선한 면만을 강조하고 어두운 면을 인정하지 않는다면 결국 그 그림자에 의해 인생이 압도될 수 있다. 도덕적 순결을 강조하던 사람이 성적 추문을 일으키고, 청렴결백하던 사람이 자기도 모르게 돈과 권력에 빠지게 되는 것과 같다. 그럼에도 자신의 그림자가 타인에게 투사되면 이유 없는 혐오감이나 부정적 감정을 일으킨다.

그림자 투사는 주로 자아와 비슷한 대상이나 같은 성^{sex}, 동료, 친구나 같은 성^{sex}의 가족 사이에 일어나기 쉽다. 지역 간, 인종 간에 일어나는 편견이나 갈등 역시 집단적 투사에 의한다. 그러나 이런 부정적 감정 뒤에 숨어 있는 그림자 내용을 의식하게 되면 그것들은 창조적이고 긍정적 역할을 할 수 있다. 자신의 내면 안에 있는 어두움, 죄성 혹은 악을 인정하고 회개할 때 '죄를 지음'으로부터 자유 할 수 있다.[96]

d. 개성화와 상징

개성화를 위해 무의식의 내용을 의식화하는 과정에 일정한 틀이 있는 것은 아니다. 그렇지만 일단 자아에 쓰인 페르소나를 벗기고 무의식의 힘을 의식하여 자아가 무의식의 내용에 의해 자기도 모르게 지배되는 것을 멈추게 해야 한다. 그리고 무의식의 내용의 그림자와 아니마 그리고 아니무스의 의식화가 이루어져야 전체로써의 자기실현이 가능해진다. 자기 자신에 대한 지식을 확장하기 위해 내가 알지 못하는 나의 정신의 어두운 곳인 무의식을 대면하는 일은 결코 쉬운 일이 아니다. 융은 완전한 자기 인식은 평생의 과정으로 오랜 시간의 인내와 노력이 필요함을 강조한다.[97]

개성화의 과정에서 '상징'은 매우 중요한 역할을 한다. 융은 외부 세계의 영향으로 무의식의 상징이 무시되어 무의식과 의식이 분리될 수 있음을 경고하였다. 특히 의식 세계만을 강조하는 근대의 합리주의는 무의식적 상징의 표현을 무시함으로 의식과 무의식의 단절을 초래했고 인간 정신의 건강에 큰 문제를 일으켰다.

융이 말하는 상징은 인간이 자신의 무의식을 대면할 수 있게 하는데 '종교적 상징'은 인간의 정신을 더욱더 풍요롭게 한다. 그것은 의식과 무의식을 연결하는 탁월한 역할을 하기 때문이다. 종교적 상징을 통해 무의식으로 출구가 열리고 이 통로를 통해 자신을 만나며 자신을 외부로 표현할 수 있다. 그래서 융은 현대 교회의 무미건조하고 단순한 진리의 가르침에 우려를 표하고 살아 있는 종교적 체험의 중요성을 강조한다.[98]

교회가 종교적 상징을 통해 진리를 제시하고 개인들이 직접 경험할 수 있도록 노력한다면 목회자와 성도들의 개성화 실현에 큰 도움을 줄 것이다.

4. 토마스 머튼의 자아인식

토마스 머튼 Thomas Merton은 그의 평생 자기 정체성을 찾고 참된 자기를 발견하는 일에 헌신하였다. 그에게 있어서 영적 생활은 영혼의 높은 곳에 집중된 생활이나 혹은 지성과 상상력과 육체가 서로 배제된 생활이 아니다. 인간의 육체, 영혼, 지성, 마음, 정신이 모두 살아 있어 우리의 사고와 사상의 내면이 육체의 실천으로 연결되는 통일체로써의 삶[99]이라고 정의한다. 따라서 영적인 생활은 영과 육을 통합하는 통일체로써의 삶이며 인테그리티의 삶이라고 할 수 있다. 머튼에 의하면 이러한 영적 생활은 하나님의 행위로 사랑과 믿음 속에서 변화[100]가 될 가능성이 크다.

머튼에게 있어서 자아인식을 통한 인테그리티의 실현 과정은 참된 나를 발견하는 과정이며 나 자신이 될 수 있는 유일한 길은 나의 존재 이유와 완성이 숨어 있는 하나님과 하나가 되는 것이다. 우리는 하나님과 분리될 수 없는 존재로 그분은 우리의 대상이 아닌 주체성의 근원이신 초월자이시며 우리 자아의 중심이시다. 그러므로 하나님의 현존을 경험할 때 내가 발견되고 참 자아를 찾으면 하나님을 발견하게 된다. 머튼은 거짓 자아와 참 자아를 구별한다. 피상적이고 거짓된 자아를 벗어 버려야 하나님 안에서 감추어진 우리 자신의 실재가 된 참된 자아를 발견할 수 있다고 강조한다.

토머스 머튼

Thomas Merton, 1915년 1월 31일-1968년 12월 10일

그는 미국 트라피스트Trappist 수도사, 작가, 신학자, 신비주의자, 시인, 사회 운동가 및 비교 종교 학자였다. 1915년 1월 31일 프랑스 프라드에서 태어났으며 부모는 화가였는데 아버지는 뉴질랜드 태생의 영국인이었고 어머니는 미국인이었다. 어머니는 그가 여섯 살 때 세상을 떠났고 아버지는 열여섯 살 때 세상을 떠났다. 그후 미국으로 이주 한 뒤, 켄터키 주 바즈 타운 근처에 있는 겟세마네 성모 수도원의 일원으로 1941년부터 사망할 때까지 그곳에서 살았다. 수도회에 들어간 뒤 죽을 때까지 그는 수도사들과 함께 4시간 이상을 예배당에서 공동 예배와 개인기도를 드렸으며 침묵 수련, 공부, 노동을 했다. 글쓰기 재능이 있었던 그는 수도원장의 요구로 자서전을 썼는데 이 자서전이 1948년 '칠층산'The Seven Storey Mountain이라는 이름으로 출간되어 커다란 반응을 일으키며 출간 첫해에만 60만 부가 팔렸다. 이 책을 계기로 그는 영성 작가, 문필가로서의 삶을 시작했다. 그의 영적 여정에 대한 이야기는 제2차 세계대전 참전용사, 학생 및 청소년들에게 미국 전역의 수도원을 탐험하는데 영감을 주었으며 내셔날리뷰National Review가 선정한 금세기 최고의 논픽션 도서 목록 100선에 선정되었다.

머튼은 신비주의 실천에 대한 연구를 통해 동양 종교를 연구하면서 종교 간 이해의 예리한 지지자가 되었다. 그는 타종교에 관한 국제 회의에 참석하는 과정에서 광범위한 여행을 통해 선불교, 유교, 도교에 대한 책을 통해 기독교가 그들과 어떻게 관련되어 있는지를 쓰기도 했다. 그는 이 세계에서 살아계신 하나님, 이 세계를 살아가는 하나님의 사람들, 세계가 지닌 아름다움과 그만큼의 문제를 인식하기 시작했고 이와 관련된 다양한 글을 책으로 출간했다. 말년에 그는 새로운 수도원장에게 인도, 스리랑카, 태국을 여행해도 좋다는 허락을 받았고, 1968년 12월 10일 방콕에서 열린 불교와 그리스도교 수도생활에 관한 컨퍼런스에 참석하던 중 갑작스러운 감전으로 그는 세상을 떠났다. 그의 시신은 미국으로 돌아와 겟세마네 수도원 묘지에 묻혔다.

_ 출처: 위키백과

1) 거짓 자아와 참 자아

거짓 자아는 불완전하지 않고 비영구적이라는 의미에서 부족하고 결함이 있는 존재임을 뜻한다. 머튼에 의하면 거짓 자아는 외적 자아로 진정한 자아가 아닌 자기의 흔적과 가면에 지나지 않는다. 그것은 실체가 없는 그림자와 같고 굴뚝의 연기같이 죽음과 함께 사라질 덧없는 한시적 존재라고 표현한다.[101] 이 피상적인 외적 자아는 존재의 깊은 수준에 있지 못하고 자기중심적 욕망 안에 자리잡고 있어 일관성이 없고 감정과 외적 환경에 의해 수시로 변한다.

외적 자아의 삶은 사물에 집중되어 있고 소유하고 인정받고 조정하는 욕망의 수준에서 벗어나지 못한다. 거짓 자아가 그 자체로 악한 것은 아니지만 우리를 피상적 현실에만 머물러 있게 하여 자신의 내면적 실재와 접촉 없이 진정한 자기 자신에서 멀어지게 한다.[102]

거짓 자아의 형성은 인간의 타락한 본성인 원죄로부터 기인한다. 원죄는 우리 안에서 원심력적으로 작용한다. 그것은 우리의 중심에 있는 진정한 정체성이 하나님으로부터 밖으로 밀어내고 비실존의 영역으로 던져 버려져 그곳에서 피상적이고 비실제적인 자아를 형성하게 한다.[103]

창조주 하나님과의 분리는 우리의 내적 자아인 참 자아로부터 소외시키고 환상적이기까지 한 거짓 자아를 추구하게 하였다. 이러한 자아는 초월적인 경험이 불가능하므로 하나님을 알지 못한다.

머튼은 우리의 내적 자아가 참 자아라고 한다. 이 자아는 내면 중심에 깊이 숨겨져 있으나 실체이고 우리의 한 부분이 아니라 전 실체이다. 외적 자아는 인간 욕망이 스스로 만들어내는 환상이지만 내적 자아는 가공된 것이 아니다.[104] 그것은 그저 '참 나'true self 로서 원래 창조된 모습 그대로의 하나님이 보시는 내 본연의 자아이다. 이상적이거나 완벽하지 않지만 독특하고 고귀하다.[105]

참 자아의 특징은 은밀하며 그 자체로 자유롭고 자발적인 존재이고 창조적이고 신비롭다. 참 자아는 거짓 자아와는 반대로 우리 안에서 성령에 의하여 구심력을 갖는다. 중심으로 끌어당기는 추동의 힘으로 피상적인 현실에 소외된 우리를 하나님이 거하시는 내면의 중심으로 끌어당긴다. 참 자아는 우리가 존재의 근원이신 하나님께 더욱 가까이 나아가도록 내면 깊이 숨겨진 곳에서 끈질긴 목소리로 우리를 일깨운다.[106]

2) 참 자아의 인식
참 자아가 깨어나는 것은 우리의 거짓 자아가 죽을 때이다. 죽음과 부활의 과정 안에서 참된 자아가 회복될 수 있다. 거짓 자아가 죽어야만 참 자아에 생명력이 빛을 발한다. 외적 자아가 산산이 깨지고 내적 자아만 남아야 비로소 '참 나'가 발견되어 진다. 이렇게 피상적 거짓 자아에서 벗어나야 실재적 자아로 살아갈 수 있다. 이는 다른 새로운 사람으로 다시 사는 것을 의미하지 않는다. 다만 나 자신은 하나님이 원하시는 본래적 자아가 되는 것이다.

자아의 죽음과 부활을 통한 참 자아의 회복은 의식의 변혁 경험이다. 변혁된 의식은 자아에 대한 새로운 인식이며 새로운 정체성으로써 '참 나'의 자기의식이다. 이는 곧 나의 의식이 완전히 비워진 의식의 상태이고 하나님을 찾는 상태에 있음을 의미한다.[107]

머튼에 의하면 외적 자아의 죽음은 보다 높은 수준의 생명으로의 진입이며 초월적으로 표현할 수 없는 하나님을 체험하고 아는 데까지 뻗어 나간다.[108]

내적 자아의 인식은 하나님을 향한 의식으로 나아가는 디딤돌이 된다. 하나님의 형상으로서 한없이 순수한 내적 자아는 하나님께서 자신을 반사하여 계시하시는 거울과 같다. 하나님과 인간의 관계는 창조주와 피조물로서 반드시 구별된다. 그러나 하나님은 우리 자아의 중심이며 존재의 근원으로서 그분과 우리의 관계는 결코 분리될 수 없는 하나이다.[109]

피상적인 외적 자아로부터 출애굽하여 분리의 홍해를 건너야 하나님 안에 내가, 내 안에 하나님이 있는 신비의 관계가 시작된다.[110] 이 하나됨의 관계 안에서 하나님에게만 알려진 진정한 내적 자신과 초월적 깊은 자아가 모습을 드러낸다.

머튼은 관상 안에서 이러한 참 자아의 인식과정이 일어난다고 강조한다. 의식을 변형시키는 깊은 기도의 체험 가운데서 심원한 초월적 자아가 깨어난다.[111] 다시 말해 관상 안에서 우리 내면의 삶과 접촉하며 내적 자아와 만나고 하나님과의 일치를 경험할 수 있다. 이 과정은 유일회적 사건이 아니라 계속되는 내면의 변화를 일으키며 점진적으로 일어난다.

3) 참 자아인식의 확장: 인테그리티의 삶

머튼은 하나님과 깊이 연합되어 있는 참된 자아를 경험하는 사람은 더 높은 차원에서 내적 자아가 다른 사람들과도 연합되어 있음을 깨달았다.

그는 내적 자아가 그리스도와 분리될 수 없듯이 그리스도 안에 있는 다른 자아들과도 분리될 수 없다고 말한다. 이기적 욕망을 벗어 버릴수록 사랑 안에서 성장하게 된다. 자기중심적 자아가 없어질수록 우리는 그리스도의 사랑으로 채워진다.

그는 하나님을 찾기 위해 세상으로부터 스스로를 분리하여 수도원에 들어갔지만 하나님과 연합될수록 다른 사람들과 더욱 일치됨을 경험한다. 그는 자신이 그들을 위해 거기 있음을 깨달았고 결

국 그들을 위해 다시 세상 밖으로 나가 사회적 책임을 실천한다.[112]

머튼에게 있어서 온전한 자아인식은 하나님 안에서 참 자기됨을 발견하고 그 하나님과 일치되는 것을 경험하는데 이러한 연합은 모든 존재의 근원이신 하나님의 사랑 안에서 자신과 이웃과 온 피조세계가 하나임을 발견하게 하고 하나가 되는 사랑의 삶으로 이끈다.

다시 말해 하나님과의 일치됨은 책임적 자아로서 인테그리티를 세상에 실현하게 한다. 머튼은 다음과 같은 말로 자신의 참된 정체성의 발견을 정리한다. 사랑은 나의 참된 정체성이다. 자기 비움 selflessness은 참된 인격이다. 사랑은 나의 이름이다.[113] 하나님의 형상대로 내가 창조되었다 함은 하나님께서 사랑이시므로 사랑이야말로 나의 존재 이유라고 말하는 것과 같다.

5. '예수의 테레사'의 자아인식

'예수의 테레사'는 그녀의 책 『영혼의 성』The Interior Castle, 1588에서 독자에게 영혼의 순례를 권하며 이것이 '자아인식'의 길임을 명시하고 있다. 그녀는 '우리 스스로가 누구인지를 알지 못하는 사실은 크나큰 불행이요, 부끄러움이며 자기를 안다는 것은 매우 중요하다'[114]라고 말하며 자아인식의 중요성을 강조한다. 그리고 자아인

테레사 데 세페다 이 아우마다

Teresa de Cepeda y Ahumada, 1515년 3월 28일-1582년 10월 4일

그녀는 '테레사 데 헤수스'Teresa de Jesús, 예수의 테레사라고도 불리며, 기독교의 신비가이자 수도원 개혁에 전념한 인물이다. 또한 대大테레사라고 부르기도 한다. 테레사는 1515년 3월 28일 에스파냐 카스티야의 아빌라에서 유대교에서 개종한 귀족 집안의 딸로 태어났다. 양친 모두 독실한 기독교 신자들로 자녀들을 모두 교회의 정신에 입각하여 교육시켰다. 그의 아버지 세페다의 알론소 산체스the knight Alonso Sánchez de Cepeda는 독서를 좋아하여 자녀들에게도 독서를 많이 할 것을 권유하였는데, 테레사는 순교자들의 전기를 읽으면서 어린 마음에 그들의 삶에 무척 매료되어 자기도 그들처럼 교회를 위해 목숨을 바치겠노라며 몇 번이나 몰래 가출하였는데, 그때마다 얼마 못가 발각되어 집으로 돌아오곤 하였다. 이러한 딸을 염려한 아버지는 테레사가 14살이 되던 때에 그녀를 아우구스티누스 수녀원에서 6년 동안 위탁 교육을 받게 하였다.

19세에 수녀의 삶을 시작한 테레사는 1560년 초창기의 엄격한 수도 생활의 규율로 돌아갈 것을 주장하여 그녀가 속한 카르멜 수녀회의 개혁을 단행하여 맨발의 카르멜 여자 수도원을 세우는 것을 시작으로 총 15개의 남자 수도원과 17개의 여자 수도원을 창립하였다. 엄격한 규율을 준수하고자 하는 테레사의 개혁은 마침내 교황 그레고리오 13세로부터 맨발의 카르멜회가 정식 승인을 받음으로써 성공을 거두게 된다.

이후 테레사의 수도원 개혁 작업은 각처의 다른 수도원들에게 영향을 미쳐 그녀는 수도원 창설 내지 개혁을 위한 의논 상대로서 세간에 널리 알려지게 되었다. 테레사는 1582년 9월 2일 알바 테 토르메스로 여행을 하던 도중 돌연히 중병에 걸려 병석에 눕게 되었다. 같은 해 10월 4일 밤중에 임종의 때가 가까웠음을 안 테레사는 하나님을 곧 만날 수 있다는 생각에 기뻐하며 "주여, 저는 거룩한 교회의 딸입니다"라고 거듭 말하면서 67살의 나이에 숨을 거두었다.

_ 출처: 위키백과

식 자체가 목적이 아니며 궁극적으로 하나님과 일치되는 것이 목적이 되어야 하며 자아인식은 그 목적을 위한 방법이라 말한다.[115] 자아인식을 통하여 나의 현 위치를 깨닫게 되고 하나님께로 나아가게 되는 한편 하나님과 일치 할 때만이 온전한 자아인식을 하게 된다.

1) 자아인식의 성城

테레사는 자아인식의 과정을 설명하기 위해 성城의 이미지를 사용하였다. 자신의 영혼을 인식으로 대상화한 것이다. 성은 인간 영혼의 전체적 모습을 의미하고 성안의 각 궁방들은 영혼의 각 부분으로써 자기 존재의 심층으로 도달하기 위한 통로들을 상징한다.

테레사는 단계를 이루는 7개의 궁방을 설명하며 더 안쪽의 궁방으로 다가갈수록 영혼의 중심에 계시는 하나님께로 더 가까이 나아감을 뜻한다. 이러한 성城의 이미지는 융의 심리학에서 말하는 '전일성'을 상징한다고도 볼 수 있다.

테레사에게 있어서 자아인식은 기도 안에서 이루어진다. 그녀는 '기도는 나를 앎으로써 시작되고 끝나야 한다'[116]고 강조한다. 기도는 자아인식의 방법이며 영혼의 순례를 이끄는 길이다. 기도의 차원이 깊어지고 높아질수록 영혼의 중심에 가까워진다.

2) 자기 밖에서의 자아인식

사람은 가장 먼저 세상을 통해서 자신을 바라보게 된다. 생애 초기에는 엄마와 가족을 통하여, 자라면서는 사회적인 관계를 넓혀가고 자아를 인식해 간다. 테레사가 자서전에서 자신의 청소년, 청년 시절을 묘사한 내용을 분석하면 이 시기에 사회적 관계를 통해 페르소나가 발달하고 자아가 강화되었을 것으로 보인다.[117]

영혼의 성 내의 1궁방에서 3궁방까지 머무는 영혼들은 외부의 피상적인 것들과 자신에게만 몰두하느라 자신의 내면의 세계나 하나님과의 관계에는 관심을 가지지 못한다. 그들은 기도하기는 하지만 피상적이고 죄를 완전히 떠나지 못하며 자신의 욕망에 집착한다. 차츰 기독교적 관습에 자리가 잡히면서 그리스도인으로서 페르소나와 정체성이 형성되지만 여전히 자기 만족과 자기기만에 빠진다.

테레사는 이 수준의 자아인식을 아직 성안으로 들어가지 못하고 성벽을 배회하는 영혼들이라고 묘사한다.[118] 그러나 여기에만 머문다면 사람은 자기 자신에 대한 전체적인 안목을 갖추지 못하고 감각과 열정에 종속된 사람이 된다.[119] 테레사는 이러한 사람을 정신의 주인이 아닌 정신의 노예라고 말한다.[120]

3) 자기 안에서의 자아인식

4궁방에 이르러서는 성 밖을 배회하던 영혼들이 외부 세상에서 자기 자신에게로 관심을 돌리게 된다. 빌마^{Vilma}는 영혼의 성의 3궁방까지는 현실에 기초한 상황적 자아인식의 과정이며 4궁방에 이르러서 피상적 자아인식을 넘어서 더 깊은 자아인식으로 초대된다고 말한다.[121]

웰치^{Welch}는 3궁방까지는 페르소나와 자아가 강화하는 외부로 나아가는 여정을 반영하며, 4궁방부터는 중년 이후 개인의 무의식 층으로 들어가는 내적인 여정을 반영한다고 분석한다. 실제로 테레사는 중년기에 들어서는 38세에 본격적으로 내면을 향한 기도의 여정을 시작하였으며 이는 개성화 과정과 궁방들의 전환적 단계들을 반영한다.[122]

테레사는 영혼의 모든 능력을 자신 안으로 거둬들이는 '거둠'의 방법을 통해 자기 안으로 들어간다고 말한다. 마로토^{Maroto}에 의하면 테레사가 실행한 '거둠의 기도'는 영혼의 심층적인 자아로 향하게 하는 '심리-육체적 기술'이다.[123] 거둠은 영혼의 능력인 지성과 의지를 통해 인간의 내적인 감각들과 외적인 감각들을 통제하는 훈련으로써 이를 통해 외부로 향해 있는 관심을 자기 안으로 집중하게 한다.

테레사의 표현에 의하면 성 주위를 맴돌던 영혼들이 이때 드디어 성안으로 들어간다. 이 말은 곧 자기 안으로 혹은 영혼 안으로 들어감을 의미한다.[124] 자기 자신이 인식의 주체이자 대상이 된다는 말이다.[125] 이것이 실제로 심리적 의미의 자아인식 시작이다. 그러나 테레사의 자아인식은 자기 안에만 머물러 있지 않다. 자기 안으로의 움직임은 하나님이 자기 안에 내재한다는 것을 전제한다. 하나님 없는 자기에로의 집중은 자폐 상태에 불과하다. 참된 자아인식은 자신의 존재 중심 안의 내재하시는 하나님께로 나아간다. 자기 안으로의 초대는 내 안에 계시는 하나님과의 친교로 초대되는 것이다.

4) 하나님과 관계를 통한 자아인식

테레사에게 있어서 자기를 아는 것은 하나님을 아는 것이다. 그녀는 하나님을 알려고 힘쓰지 않으면 절대 자아인식에 도달할 수 없음을 분명히 말한다.[126] 인간은 하나님에 의해서 그의 모습에 따라 그의 목적대로 창조되었기 때문이며 그 하나님이 저 먼 밖의 피안 세계에 계시는 신이 아니라 내 안에 계시는 하나님이기 때문이다.

테레사에게 있어서 하나님은 영혼의 궁성 안 가장 깊은 곳에 계신다. 그곳에서부터 하나님의 빛이 비추어진다. 다만 우리의 눈이 어두워 그 빛을 보지 못한다. 테레사의 자아인식이란 차츰차츰 영혼의 눈이 밝아져 빛이 비춰지는 자기 영혼의 각 궁방들에 참여하는 것이며 이 자아인식을 통하여 최종적으로 하나님이 계시는 7궁방 안에까지 들어가 그분과의 연합을 이룬다.

이는 결국 영혼의 전일성을 이루는 과정이라고 볼 수 있다. 일데폰소 솔레르Ildefonso Soler는 테레사의 자아 인식적 깨달음에 대하여 다음과 같이 정리한다.

> 기도와 겸손을 통해 영혼 안으로 들어가 그곳에서 우리의 영혼 안에 내재하시는 하나님을 만나게 된다. 이 초월적 만남을 통해 우리는 우리 자신들과 만나고 이 만남 안에서 우리가 어떤 존재인지 또 우리가 어떤 존재로 부름을 받았는지에 대해 뛰어난 인식을 얻게 된다.[127]

자아인식에 들어간 사람은 먼저 자신이 창조주 하나님 앞에서 피조된 인간으로 인식을 얻게 된다. 철저히 의존된 존재로서의 비참함과 허무함을 발견하게 되고 완전하신 하나님 앞에 자기 자신이 아무것도 아닌 존재임을 깨닫게 된다. 그러나 테레사는 자아인식은 자신의 비참함을 응시하는 것이 아니라 하나님을 바라보는 것임을 강조하면서[128] '높고 높은 당신을 우러러 보노라면 낮고 낮은 우리가 다가오는 것'이라고 했다.[129] 이처럼 하나님의 빛 앞에서 인간은 겸손할 수밖에 없고 이 겸손 안에서 자신을 바로 보게 되며 자신의 정체성을 발견하게 된다.

'하나님을 바라봄'을 지속하는 가운데 얻게 되는 자아인식은 피조물인 자신 안에서 하나님의 모습을 발견하는 것이다. 하나님의 형상으로 창조된 인간은 그 자체로 존엄하며 하나님과 관계를 맺을 수 있는 특권과 능력이 있다.

빌마 실라우스Vilma Seelaus의 해석에 의하면 4궁방부터는 비로소 신적 자아의 차원이 열리고 여기서 인간과 신이 만나며 우리의 나아감과 하나님의 다가오심이 상호작용하게 된다.[130] 더 나아가 우리는 자신 안에 내재하시는 하나님과의 일치로 초대되며 이로 인하여 신적 생명에 참여한다.

그리스도는 테레사에게 자아인식의 안내자이며 동시에 최종 인식의 대상이다. 그리스도는 확실히 '자기'의 상징으로써 개성화를 이끄는 분명한 역할을 한다고 볼 수 있다. 자기 안에서의 자아인식에만 머물러 있으면 그리스도를 닮은 제자로서의 삶은 외적인 윤리적 차원에만 머물러 있게 된다.

세쿤디노 카스트로Secundino Castro는 테레사와 하나님과의 관계 안에서 이루어진 참된 자아인식은 결국 영혼 중심에 내재하시는 이와의 일치를 통하여 그리스도가 실제적이고 생동감 넘치는 현존으로 삶 가운데 드러났다고 해석한다.

테레사는 자기 깊은 곳에서 자아가 예수 그리스도 안에서 변화되는 것을 감지하면서 타자를 그리스도의 빛 안에서 이해하기 시작했다.[131] 참된 자아인식을 통해 육과 혼과 영이 통합되고 깊은 평화와 고요함 가운데 하나님과 타인를 사랑하게 된다. 테레사는 하나님과의 의지적 일치는 결국 사랑으로 덕을 실천하는 것으로 입증된다고 말한다.[132]

6. 마이스터 에크하르트의 자아인식

마이스터 에크하르트 Meister Eckhart, Johannes Eckhart,1260~1327는 13세기 독일의 신비주의 신학자로 하나님에 대한 체험을 바탕으로 하나님 인식에 관심을 두었다. 하나님을 알아가는 과정에 있어서 '초탈'transcendency과 '돌파'의 방법을 말하였으며 결국 이를 통해 하나님과 일치를 추구하였다.

특별히 에크하르트는 지성을 강조하며 지성은 자기 자신 안에서 자기 자신을 인식한다고 말했다.[133] 하나님과의 일치는 하나님의

요하네스 에크하르트

Johannes Eckhart, Eckhart von Hochheim, 1260년경-1327년경

그는 독일의 로마 가톨릭교회의 사상가이다. 마이스터 에크하르트 Meister Eckhart, 마이스터 엑카르트라고 통칭된다. 튀링겐의 고타에 가까운 호흐하임에서 태어났다. 15세 때 도미니크회에 가입하고 쾰른의 도미니크회 학교에서 알베르투스 마그누스에게 배웠다. 파리로 가서 프란체스코회와의 논쟁에서 명성을 얻고, 1302년 파리 대학으로부터 마기스테르의 칭호를 허용받았다. 1304년에 작센의 도미니크회 관구장官區長이 되었으나 다시 파리로 돌아와 『3부작(三部作)』을 썼다. 그는 라틴어 설교의 시대에 모국어인 독일어로 설교를 시작하였고 교회의 권력이 난무하는 시기에 인간과 신의 합일이 가능하다고 설교하였다. 당시로는 엄청나게 대담하고 파격적인 설교였다. 많은 중세 독일인들로부터 열광적인 호응을 얻었고 수도회에서도 신임을 얻었다. 그러나 교황청은 그를 종교재판에 회부하였고 이단으로 단죄하였다. 당시 교회는 부패와 권력싸움이 한창이었고 홍수와 가뭄 등 자연재해 그리고 전염병으로 유럽인의 절반이 죽어나가고 십자군전쟁으로 수많은 과부들이 생겨나는 아수라장이었다. 그때 고통받는 민중들에게 위로를 주었던 위대한 설교사의 말은 "버리고 떠나 있음"이다.

마음을 비우고 모든 것을 신께 맡기면 인간은 누구나 신과의 합일을 이룰 수 있고 자신의 내면에서 신성과 만날 수 있다는 것. 에크하르트의 근본적이고 핵심적인 사상은 '영혼 가운데 말씀의 탄생'에 대한 사상이다. 영혼의 불꽃 가운데 아버지 신에 의한 아들의 탄생이 에크하르트 설교의 유일한 동기이며 내용이며 목적을 이룬다. 그 후로 600년 이상 묻혀 있다가 독일관념론의 시대이며 낭만주의 시대인 19세기 초반에 프란츠 본 바이더와 피이테, 헤겔, 로렌크란츠, 괴뢰스 그리고 쇼펜하우어와 니체에 의해서 부활되고 재발견되었다. 20세기에 와서는 동양의 선불교사상과의 만남으로 재조명 받게 되었고 현대를 사는 사람들의 삶에도 그는 여전히 학문의 스승, 삶의 스승으로 추앙받고 있다.

_ 출처: 위키백과, 『마이스터 에크하르트』(게르하르트 베어, 안티쿠스, 2009) 책소개 중에서

근저foundation와 영혼의 근저로써 지성의 일치이다. 에크하르트는 영혼의 가장 높은 부분으로부터 온 지성은 하나님의 근저까지 돌파해 가는 것이 가능하다고 주장하는 것이다.

1) 하나님 인식과 자아인식

마이스터 에크하르트에 의하면 만일 사람이 모든 피조물부터 초탈되어 오직 하나님만을 인식하게 되면 그는 하나님 안에서 자유롭고 하나님 자신이 된다. 여기서 '초탈'은 에크하르트의 가장 핵심 되고 기반적인 개념으로 하나님과 일치를 이루기 위해 모든 피조물로부터 자신을 분리하는 것을 말한다.[134]

그렇게 되기 위하여 사람은 마땅히 자기 자신과 모든 피조물의 형상에서 벗어나 하나님만을 아버지로 인식하는 데 부지런히 힘써야 한다. 에크하르트는 로마서 9장 3절의 '나는 나의 친구들과 하나님을 위해서라면 하나님으로부터 영원히 끊어질지라도 원합니다'라는 바울의 고백으로 초탈의 극치를 표현한다.

'초탈된 가난한 영혼'의 하나님은 최선의 축복을 주시어 사람을 온전하게 만든다. 그러한 온전함은 하나님이 사람을 인식하는 것과 같이 사람이 참된 하나님을 인식하는 것으로부터 주어진다.[135] 영혼은 하나님을 위하여 하나님을 떠나는 초탈을 통한 자신의 단순한 근저 안에서 하나님과 이러한 인식론적 일치에 도달한다. 그리고 그러한 노력은 자기 밖에서 무엇을 구하지 않는다.

> 우리가 우리 자신 밖에서 무엇을 얻거나 받으면 이는 옳지 않다. 우리는 하나님을 자기 자신 밖에 있는 것으로 파악하거나 간주해서도 안 되며 자기 자신의 것으로 그리고 자신 안에 있는 것으로 간주해야 한다. 뿐만 아니라 우리는 하나님을 위해서든 자신의 명예를 위해서든, 자기 밖의 어떤 것을 위해서 어떤 목적을 위해 봉사하거나 일해서도 안 된다. 오직 자기 자신 안에 있는 자신의 존재와 자신의 생명을 위해서 일해야 한다. 어떤 순진한 사람은 하나님은 저기 계시고 자기들은 여기 있는 것처럼 생각한다. 하지만 그렇지 않다. 하나님과 나, 우리는 하나다.[136]

이처럼 하나님을 인식하는 것은 철저한 자기 인식의 과정을 통하여 이루어짐을 보여 준다.

2) 자아인식의 과정: 초탈과 돌파

마이스터 에크하르트가 말하는 하나님과의 일치는 영혼의 초탈과 돌파를 통해 하나님과 존재론적, 인식론적 일치 안으로 향한다.

여기서 에크하르트는 예수님의 말씀인 '가난한 자는 복이 있다'는 말씀을 내적 가난으로 이해한다. 여기서 내적 가난은 아무것도 원하지 않고 아무것도 아는 것이 없으며 아무것도 가진 것이 없는 가난한 영혼을 의미한다.

자신이 창조된 의지로부터 초탈된 사람은 하나님을 위한 자신의 의지를 갖지 않고 모든 피조물의 형상들로부터 하나님에 대한 자신의 개념들을 소유하지 않는다. 하나님을 위하여 자신의 의지와 하나님을 놓아버리는 사람은 자신과 하나님과의 일치 안에서 자기 자신과 하나님 자신을 발견한다.

'가난한 영혼을 통한 영혼'은 하나님의 일치 안에서 모든 피조물이 하나님으로부터 흘러나오기 전에 사람은 얽매임이 없는 존재였고 제 일의 원리였으며 자신 안에서 자기 자신을 인식하는 자였다. 거기에서 자신의 의지를 갖지 않고 자기 자신 안에 하나님이 활동하신 것도 모르고 자기 자신 안에 하나님이 활동하실 수 있는 장소도 가지지 않는다. 왜냐하면 사람이 진실로 모든 자기 자신의 소유에 대하여 마땅히 가난해질 때만 하나님 자신이 영혼 안에서 활동하고 영혼은 하나님의 활동을 위한 장소가 되기 때문이다.

3) 참된 자아인식의 '나'

가난한 영혼의 초탈을 통하여 영혼은 하나님 안에 있고 하나님과의 차별이 없는 신비적 일치에 도달한다. 가난한 영혼은 탄생을 위해 초탈과 돌파를 경험하고 감행하는 동안 모든 것으로부터 초탈하여 자유롭게 되는 법을 배운다.

그는 외부에서 생겨난 모든 목적과 의도에서 자유로우며 내부에서 기인하는 모든 욕망들이나 집착들에서도 자유롭다. 그는 자기 삶의 근원이자 모태가 되는 하나님으로부터도 자유롭다. 그는 신에 의해 부과된 모든 의무에서 자유로우며 신을 위해 신의 뜻을 성취하기 위해서 살지도 않는다. 심지어 그는 신의 뜻이 무엇인지 묻지도 않는다. 그는 오로지 자신 영혼의 근저가 이끄는 대로 살아갈 뿐이다.

가난한 영혼이 본질적인 참된 자아인식의 '나'에게로 돌아가는 하나님과의 일치 안에 하나님 안에서 영혼의 영원한 탄생이 있고 영혼 안에 하나님의 탄생이 있다. 그러한 탄생 안에서 하나님과 영혼과 만물은 전적으로 하나가 된다.

에크하르트의 사상을 이어받은 17세기 독일의 안젤루스 질레지우스 Angelus Silesius, 1624-1677 는 하나님 안에서 참된 자기를 발견한 경지를 다음과 같은 시로 나타내었다.

> 장미는 이유를 모른다.
> 장미는 피기 때문에 핀다.
> 장미는 자신에 관심 없고
> 누가 자기를 보는지 묻지도 않는다.[137]

에크하르트는 인간의 '참 자기'를 철저한 초탈과 돌파를 통과하여 하나님의 아들로서 자신의 존재 자체 뿌리를 둔 본질적인 삶으로 나타낸다. 인간은 자신이 자신다울 때 아름다우며 하나님 안에서 참 자기의 모습을 볼 수 있다. 이 모습을 그대로 드러냄은 아름다우며 참되다. 자신의 본래적 모습인 '자기'로 살아가는 헌신이 바로 인테그리티의 삶이다.

4) 하나님 아들의 삶과 인테그리티

하나님의 인도함을 받은 가난한 영혼은 하나님의 아들이 영원 속에서 하나님과 하나였던 그 자리로 들어간다. 그리고 하나인 하나님과 일치된 모습으로 있으면서 하나님과 하나로 살아간다. 하나이신 하나님 안에 하나로 있는 삶은 특정한 방식과 이유에 얽매이지 않고 자신과 하나님 사이의 차별이 없는 인식 가운데 살아간다. 관상적인 영적 삶과 실천적이고 활동적인 삶이 하나로 일치된 삶이다.[138] 그것은 행위자가 삼위일체적 하나님의 인테그리티 안에 들어가 하나님과 동일한 인테그리티로 살아가는 삶이다.

마무리

시대의 화두와 답: 인테그리티

기독교 영성이 추구하는 목표는 '자기'라는 정체성을 찾아가는 것이고, 자기를 탐구하고 인식함으로써 하나님을 경험적으로 더 깊이 알아 가고자 하는 것이다.[139] 이는 하나님 앞에서 자기 내면의 깊은 욕망과 동기와 이기심과 슬픔, 상처, 외로움 등 마음을 살피고 확인하는 자아인식과 자아실현의 과정을 포함한다.

인간은 자아 인식적 영성 과정을 통하여 하나님 앞에서 정직하게 나아가 자기 내면의 무의식 깊은 곳에 있는 욕망과 자기중심성과 감정을 왜곡 없이 솔직하게 바라보고 그 안에 하나님의 자리를 마련하고 하나님의 인도하심을 간구할 수 있다.

자신이 내면의 욕구와 감정 그리고 자아의 깊은 의도에 대한 성찰과 묵상을 통해 자기 안에 있던 내면의 그릇된 욕망과 동기와 분노와 슬픔과 이기심을 볼 수 있다. 그 안에서 하나님과 교회를 위한 수많은 노력이 하나님을 섬긴 것인지 아니면 자신을 위한 것인지 자신이 행해왔던 많은 신앙적 노력과 헌신들 속에서 자신의 근본적 이유와 목적과 동기를 살펴볼 수 있다.

기도의 층위들과 이유를 명확히 보게 될 때 우리는 하나님 앞에서 자기 자리를 찾게 되고 하나님께서 우리를 부르신 본래의 인간으로 인테그리티를 이루게 된다.

온전한 인테그리티를 가능하게 하는 것은 자기 인식의 영성이다. 기독교 영성은 자아인식을 가능하게 하고 그를 통하여 자아의 실현과 하나님의 인테그리티로 다가간다. 이는 궁극적으로 하나님께서 인간을 만드신 그 본래적 인간으로 돌아가게 하고 모든 삶의 인테그리티를 회복하게 한다.

이 세상과 인간을 만드신 하나님께서 인간의 가장 기본적이고 원초적인 속성인 인테그리티를 통해 삶의 본래적 진정성과 온전성 그리고 그의 많은 층위들의 단계들이 통합되어 하나의 일관적 질서를 갖게 한다.

　그러므로 참된 인간은 인간 자아의 존재함으로 옳음과 선함을 이루며 하나님의 아름다움을 나타내는 윤리적 삶, 인테그리티로 인생을 완성한다.

미주

1 인테그리티를 소개한 한국의 문헌들은 다양하게 번역하여 사용해 왔고, 일치되어지지 않았다. 허라금은 그의 책『자기 성실성의 철학』에서 '자기성실성'으로, 책 내용에서는 문맥에 따라 '정합성,' '고결성'으로 사용했고, 헨리 클라우드의 책은『인테그리티』로 번역되었고, 한곽희는 그의 학술연구에 '자기충실성'으로, 최동민은 '개인온전성'으로 사용하였고, 장성민은 로널드 드워킨의『법의제국』(아카넷,2004)에서 '통전성'으로, 문시영은 윌리엄 슈바이커의 『책임윤리란 무엇인가』에서 '통전성'으로 사용했고, 염수균과 정연재는 '인테그러티'로 사용되었다. 필자는 '인테그리티'를 사용하되, "일관된 자기진실성"라고 할 수 있다.

2 Cox, Damian, La Caze, Marguerite and Levine, Michael, "Integrity," The Stanford Encyclopedia of Philosophy (2017 Edition), URL: http://plato.stanford.edu/entries/integrity/

3 Harry G. Frankfurt, "Freedom of the will and the concept of a Person," 최용철 역, 『자유의지와 결정론』(서울: 서광사, 1990), 141-7.

4 위의 책, 152-7; Harry G. Frankfurt, "Identification and wholeheartedness." Ferdinand Shoeman. ed. Responsibility, Character, and the Emotions: New Essays in Moral Psychology, (New York: Cambridge University Press. 1987), 35.

5 J. J. Smart & Bernard Williams, Utilitarianism for and against, (Cambridge: Cambridge University Press, 1973), 108-117.

6 Bernard Williams, Moral Luck: Philosophical Papers 1973-1980, (Cambridge: Cambridge University Press. 1981), 11.

7 허라금,『원칙의 윤리에서 여성중심 윤리로』(서울: 철학과현실사, 2004), 122.

8 John Kekes, "Constancy and Purity", Mind, vol. XCII, 1983, 499.

9 Lynne McFall, "Integrity," Ethics, 98. 1987, 5.

10　https://www.merriam-webster.com/ [2017. 4. 22. 접속]
11　Cheshire Calhoun, "Standing for something," The Journal of Philosophy, Vol. 92 (Columbia University, 1995), 246.
12　Cheshire Calhoun, 235-260.
13　Elizabeth Ashfod, "Utilitarianism, Integrity and Partiality," The Journal of Philosophy, 97, 2000, 421-439.
14　M. Halfon, Integrity: A Philosophical Inquiry (Philadelphia: Temple University Press, 1989), 37.
15　위의 책, 37.
16　위의 책, 31.
17　Elizabeth Ashford, "Utilitarianism, Integrity, and Partilality," Journal of Philosophy 97, 2000, 424.
18　Beauchamp, T. L. and J. F. Childress, Principles of Biomedical Ethics (5th edition, 2001). Oxford: Oxford University Press (1st ed, 1979, 2nd ed 1983, 3rd ed 1989, 4th ed 1994), 36.
19　William Schweiker, Responsibility & Christian ethics, 문시영 역, 『책임윤리란 무엇인가』 (서울: 대한기독교서회, 2000), 59.
20　위의 책, 60.
21　Margaret E. Mohrmann, Integrity: Integritas, Innocentia, Simplicitas, Journal of the Society of Christian Ethics, Vol. 24, No. 2 (2004), 25.
22　"integrity," OED Online, March 2017, Oxford University Press. http://www.oed.com.ezproxy.liberty.edu/view/Entry/97366, [2017. 4.6.접속]
23　Margaret E. Mohrmann, 32.
24　위의 책.
25　창 20:5, 6; 왕상 9:4;욥 2:3, 9, 27:5, 31:6; 시 7:8, 25:21, 26:1, 26:11, 41:12, 78:72; 잠 11:3, 19:1, 20:7.
26　W. A. VanGemeren, ed., New International Dictionary of Old Testament

Theology & Exegesis, Vol. 4 (Grand Rapids, MI: Zondervan Pub. House, 1996), 306-8.

27 욥 7:20-21; 9:2, 15; 10:6; 13:26; 14:16-17.

28 욥 9:28; 42:6.

29 욥 19:4.

30 창 20:5, 6; 시 7:8, 25:21, 26:1, 11, 41:12, 78:72; 잠 19:1, 20:7.

31 W. A. VanGemeren, ed., NIDOTTE, Vol. 4, 308.

32 삼하 15:11; 시 101:2; 잠 2:7; 28:6.

33 고후 7:2; 고전 15:33; 벧후 2:12.

34 고후 11:3; 딤전 6:5; 딤후 3:8.

35 엡 4:22; 유 10.

36 Horst Balz and Gerhard Schneider, ed., The Exegetical Dictionary of The New Testament, Vol. 1, (Grand Rapids, MI:William B. Eermans Publishing Company, 1990).

37 홀로스(holos)는 'whole, entire, complete'의 의미로 온전함, 전체성, 완전함을 뜻한다.

38 W. A. VanGemeren, ed., NIDOTTE, Vol. 2, 664.

39 버나드 윌리엄스(Bernard Williams)는 인테그리티를 '정체성을 부여하는 헌신들(identity-conferring commitments)에 충실한 것'의 의미로 설명하였다.

40 김균진, 『조직신학』 1권 (서울: 연세대학교 출판부, 1984), 257-8.

41 페리코레시스(Perichoresis)란, 성삼위(聖三位)의 상호내재(相互內在)를 의미하는 신학적 용어이다.

42 심상태, 인간: 신학적 인간학 입문, (서울: 서광사, 1989), 109-117.

43 Stanley Hauerwas, Character and the Christian Life: A Study in Theological Ethics, (San Antonio, Texas: Trinity University Press, 1975. 110-111.

44 위의 책, 115.

45 위의 책, 117.

46 Bernard Williams, Moral Luck, 11.
47 위의 책, 11-15.
48 노영란, 72.
49 위의 책, 86.
50 임성빈, 『21세기 책임 윤리의 모색』, 151.
51 Lynne McFall, "Integrity," Ethics. 98, October, 1987, 8.
52 John Kekes, "Constancy and Purity", Mind, vol. XCII, 1983, 499.
53 Lynne McFall, "Integrity," Ethics. 98, October, 1987, 8-9; 허라금, 『원칙의 윤리에서 여성중심 윤리로』 (서울: 철학과 현실사, 2004), 123-9.
54 막 14:32-35.
55 Harry Frankfurt, "Identification and Wholeheartedness," in Ferdinand Schoeman, ed., Responsibility, Character, and the Emotions: New Essays in Moral Psychology, (New York: Cambridge University Press. 1987), 33-34.
56 허라금, 129.
57 60) 정연재, "도덕적 인테그리티 해명을 통한 전문직 윤리의 새로운 가능성 탐구," 『윤리연구』, 제75호, 2009, 182-3.
58 61) 최경석, "생명윤리와 연구윤리," 『사고와 표현』, 2(1), 2009, 177.
59 C. Calhoun, "standing for something," the Journal of philosophy, Vol. 92, no. 5, columbia University (1995), 257.
60 William Schweiker, Power, Value and Conviction, 문시영 역, 『포스트모던 시대의 기독교윤리』 (서울: 살림, 2003), 20.
61 위의책, 27.
62 위의 책, 24-5.
63 김승호, "그리스도인의 윤리3-영성과 도덕성", 『바른교회 아카데미 회복 Good Church Report』 (2013. 9), 6.
64 위의 책.
65 William Schweiker, 16.

66 위의 책, 15-16, 207.
67 유해룡, "의식발달을 통한 자기를 향한 영적여정", 『교회와 신학』제79집(2015), 428.
68 노영상, 『영성과 윤리』, 17.
69 Henri J. M. Nouwen, The Only Necessary Thing: Living A Prayerful Life, 윤종석 역, 『꼭 필요한 것 한가지, 기도의 삶』(서울: 복있는 사람, 2002), 148.
70 김형근, 155.
71 아리스토텔레스, 이창우 외 역, 『니코마코스 윤리학』, (서울: 이제이북스, 2006), 233-265.
72 위의 책, 264.
73 R. Holton, "Intention and Weakness of Will," Journal of Philosophy, Vol. 96, No. 5, 1999, 241.
74 R. Holton, "How is Strength of Will Possible," S. Stround, C. Tappolet, ed., Weakness of Will and Practical Irrationality, (New York: Oxford University Press, 2003), 42.
75 Daniel D. Moseley, "The Virtues of Integrity," (Unpublished Ph. D. dissertation, University of Virginia, 2005), 98.
76 Andrew M. Colman, A dictionary of psychology, Fourth ed., (Oxford: Oxford University Press. 2015), 601; Robert J. Campbell, Psychiatric dictionary, Fifth ed. (New York: Oxford University Press, 1981), 423.
77 김승완, "강박적 신념과 강박증상의 관계에서 경험적 회피의 매개효과," (미간행 석사논문, 가톨릭대학교 대학원, 2011), 2.
78 이자형, "강박성향자들의 자기구조 특성,"(미간행 석사학위논문, 한양사이버대학교 휴먼서비스대학원, 2014), 53.
79 Barbara Killinger, Integrity, (Canada: McGill-Queen's University Press, 2010), 76.
80 이자형, "강박성향자들의 자기구조 특성,"(미간행 석사학위논문, 한양사이버대학교 휴먼서비스대학원, 2014), 1.

81　위의 책, 12, 37.
82　Barbara Killinger, 79.
83　쟌 폴 사르트르, 손우성 역, 『존재와 무』, (서울:한국번역도서주식회사, 1958), 134-8.
84　칼뱅, 『기독교 강요(최종판)』, I. 1. 1.
85　Richard H. Niebuhr, 『책임적 자아』, 23.
86　Lawrence Kolberg, "From Is to Ought", in Cognitive Development and Episemlogy, ed. Theodor Mischel, (New York: Academic Press, 1971), 164-65.
87　김기웅, "성인의 탈 인습적 영성교육을 위한 연구", (미간행 석사학위논문: 연세대학교 2003), 17.
88　박철호, "기독교 공동체를 위한 도덕 형성체계 연구," (미간행박사학위논문: 장로회신학대학교, 2013), 37.
89　Calvin S. Hall and Vernon J. Nordby, Primer of Jungian Psychology, 김형섭 역, 『융 심리학 입문』 (서울: 문예출판사, 2004), 51, 132.
90　이부영, 『분석 심리학』, (서울: 일조각, 2013), 78.
91　위의 책; 이부영, 『자기와 자기실현』, (파주: 한길사, 2002),
92　이부영, 『분석 심리학』; Lawrence W. Jaffe, Leberating the Heart: Spiritualit and Jungian Psychology, 심상영 역, 『융 심리학과 개성화』, (서울: 한국심층심리연구소, 2012).
93　이부영, 『분석 심리학』, 114-116.
94　위의 책
95　위의 책
96　위의 책, 86-87 ; 이부영, 『그림자』, (파주: 한길사,1999), 81-83.
97　이부영, 『분석 심리학』,
98　Carl G. Jung, Man and HIs symbols, 김양순 역, 『인간과 상징』, (서울: 동서문화사), 2013, 136-138; John Welch, Spiritual Pilgrims: Carl Jung and Teresa of Avila, 심상영 역, 『영혼의 순례자들』, (서울: 한국기독교연구소, 2000), 116.

99 Thomas Merton, Thoughts in Solitude, 장은명 역, 『고독 속의 명상』, (서울: 성바오로, 1993), 23-24.

100 위의 책, 23.

101 Thomas Merton, New Seeds of Contemplation, 오지영 역, 『새 명상의 씨』, (서울: 가톨릭출판사, 2007), 22, 298.

102 오방식, "토머스 머턴의 관상 이해의 발달," 한국토머스머턴연구회 제29차 학술회의 자료집, 『각 종교에서 바라본 토머스 머턴 이해』, (서울: 2008)

103 William H. Shannon, Something of a Rebel: Thomas Merton His Life and Works, An Introduction, 오방식 역, 『토머스 머튼: 생애와 작품』, (서울: 은성, 2005), 147-48쪽.

104 Thomas Merton, 『새 명상의 씨』, 298.

105 Thomas Merton, The Inner Experience, 윤종석 역, 『묵상의 능력』, (서울: 두란노, 2007), 234.

106 위의 책, 226-227; William H. Shannon, 『토머스 머튼: 생애와 작품』, 147-152.

107 사미자, 『토마스 머튼의 관상기도에 관한 연구』, (서울: 장로회신학대학, 발행년미상), 204.

108 Thomas Merton, 『새 명상의 씨』, 17.

109 오방식, 『토머스 머턴의 관상 이해의 발달』, 52.

110 Thomas Merton, 『새 명상의 씨』, 298.

111 오방식, 『토머스 머턴의 관상 이해의 발달』, 54.

112 위의 책, 55-57.

113 Thomas Merton, New Seeds of Contemplation, Norfolk, (Conn.: New Directions, 1961). 60; Thomas Merton, 『새 명상의 씨』, 67.

114 Teresa de Jesus, Catillo Interior, 최민순 역, 『영혼의 성』, (서울: 바오로딸, 1996), 24.

115 Maria Isabel Alvira, Vision de l'homme, selon Thrse d'Avila. Une philosophie de l'hrosme, 박병해 역, 『예수의 데레사를 통해서 본 인간이해』, (서울: 불휘미디어, 2012), 158-160; Teresa de Jesus, 『영혼의 성』, , 35-36.

116 Teresa de Jesus, Camino de perfeccion, 최민순 역, 『완덕의 길』, (서울: 바오로딸, 1996), 39장, 5절.
117 John Welch, Spiritual pilgrims :Carl Jung and Teresa of Avila, 심상역 역, 『영혼의 순례자들』, (서울: 한국기독교 연구소, 2000),
118 Teresa de Jesus, 『영혼의 성』.
119 Maria Isabel Alvira, 『예수의 데레사를 통해서 본 인간이해』, 388, 164.
120 Teresa, Libro de las misericordias de Dios, 가르멜여자수도원 역, 『천주자비의 글: 아빌라의 성녀 예수의 데레사 자서전』, (왜관: 분도, 1983) 7장 17절.
121 Vilma Seelaus, Distractions in prayer: blessing or curse?: St. Teresa of Avila's teaching in The interior Castle, 오방식 역, 『기도 가운데 생기는 분심, 축복인가 저주인가?』, (서울: 은성, 2011), 40, 54.
122 John Welch, 『영혼의 순례자들』.
123 Daniel de Pablo Maroto, Teresa de Jesus, 윤주현 역, 『성녀 데레사의 기도 영성』, (서울: 기쁜소식, 2012), 394-6.
124 Teresa de Jesus, 『영혼의 성』, 27.
125 Maria Isabel Alvira, 『예수의 데레사를 통해서 본 인간이해』, 165.
126 Teresa de Jesus, 『영혼의 성』, 36.
127 Ildefonso Soler, 이종욱 역, 『영혼의 성, 사랑의 길』, (서울: 기쁜소식, 2012), 19.
128 Teresa de Jesus, 『영혼의 성』, 36.
129 위의 책.
130 Vilma Seelaus, 『기도 가운데 생기는 분심, 축복인가 저주인가?』, 40, 54.
131 Secundino Castro, Cristología Teresiana, 『성녀 데레사의 그리스도 체험』, (서울: 기쁜소식, 2012) 576.
132 Teresa de Jesus, 『영혼의 성』, 87.
133 김형근, 『에크하르트의 하나님과 불교의 공』, (서울: 누멘, 2009), 95.
134 김형근, 114.

135 김형근, 124.

136 Josef Quint, Meister Eckhart: Deutche Predigten un Tractate (Munchen: Carl Hanser Verlag, 1963); 길희성, "마이스터 엑카르트," in 김승혜 외, 『불교와 그리스도교의 수행』(서울: 바로오딸, 2005), 186.

137 Alois M. Haas, Sermo Mysticus (Freiburg: Univesitätsverlag, 1979), 389; 길희성, 『마이스터 엑카르트의 영성 사상』(경북: 분도출판사, 2003), 278에서 재인용.

138 김형근, 155.
유해룡, "의식발달을 통한 자기를 향한 영적여정," 『교회와 신학』 제79집(2015), 410, 429.

인테그리티
일관된 자기 진실성

초판
1쇄 발행 2021년 7월 15일

지은이 · 최정일
펴낸이 · 김한수
편　집 · 박민선

펴낸곳 · 한국NCD미디어
등　록 · 과천 제2016-000009호
주　소 · 경기도 과천시 문원청계2길50 로고스센터 205호
전　화 · 02-3012-0520
이메일 · ncdkorea@hanmail.net
홈주소 · www.ncdkorea.net

Copyright©한국NCD미디어2021
Printed in Seoul, Korea

ISBN-979-11-91609-01-1

* 이 책은 한국NCD미디어가 저작권자와의 계약에 따라 발행한 것이므로 본사의 협의없는 무단전재와 무단복제를 엄격히 금합니다.
* 잘못 만들어진 책은 구입처에서 교환해드립니다.

값 13,500원